# 改变孩子一生的100个行为细节

郭志刚◎编著

北京工业大学出版社

## 图书在版编目（CIP）数据

改变孩子一生的 100 个行为细节 / 郭志刚编著 . —
北京：北京工业大学出版社，2012.8（2022.3 重印）
ISBN 978-7-5639-3179-8

I . ①改… II . ①郭… III . ①家庭教育 IV . ① G78

中国版本图书馆 CIP 数据核字 (2012) 第 165450 号

---

**改变孩子一生的 100 个行为细节**

编　　著：郭志刚
责任编辑：刘学宽
封面设计：胡椒书衣
出版发行：北京工业大学出版社
　　　　　（北京市朝阳区平乐园 100 号　邮编：100124）
　　　　　010-67391722（传真）　bgdcbs@sina.com
经销单位：全国各地新华书店
承印单位：唐山市铭诚印刷有限公司
开　　本：710 毫米 ×1000 毫米　1/16
印　　张：14
字　　数：230 千字
版　　次：2012 年 8 月第 1 版
印　　次：2022 年 3 月第 3 次印刷
标准书号：ISBN 978-7-5639-3179-8
定　　价：39.80 元

# 前　言

有人说,孩子的成长需要付出"失去自由"的代价。其实,并不是每个孩子都需要付出这样的代价才能成才。每个人都有年少无知的时候,在那个时候,人们不可避免地要出现一些不恰当的行为和习惯,关键是看父母如何正确引导其走上积极的人生道路。

不可否认,许多父母在养育子女的过程中都会面临许多问题,诸如孩子任性、胡搅蛮缠、欺骗、骂人、懒惰,等等。对此,父母若不加以重视和引导,就很可能让孩子的这些行为和习惯成为自然,进而导致不良后果。

一个15岁的男孩,在父母离异后随父生活,因为家里贫穷,父亲对他又缺乏管教,他常常与同学偷建筑工地的材料当废品变卖,换零花钱,在学校还经常偷拿别人的东西。初三那年,他从学校宿舍偷东西被发现后遭开除。此后,他开始在社会上大肆偷窃,20多天的时间里竟行窃6次,最终被劳教。

如果有人说,孩子的品性、人格没有大问题,只是平时有一点小毛病,比如不爱学习爱上网、遇到不如意之事爱发脾气等,算不上什么大事,这种想法大错而特错。

媒体上曾报道过这样的新闻:十几岁的男孩经常上网,渐渐沉迷于网络,后来还旷课甚至夜不归宿地穿梭于网吧、娱乐场所等。因为在家被宠惯了,孩子脾气大,冲动易怒,在外遇到一点小事就争吵、打架,最后在网吧、迪吧等是非本就很多的地方打伤人,以致被判入狱。

可见,孩子的不良行为无所谓大小,若不能及时纠正,就会带来比较严重的后果。所以,在孩子成长的过程中,父母对于纠正孩子在日常生活中表现出来的各种不良行为,有着义不容辞的责任。

本书选取孩子常见的100个行为细节,通过许多真实的家教案例,生动且有理有据地讲述了父母培养优秀孩子的各种方法。希望能对父母亲正确培养教育孩子有所帮助。

编　者

# 目 录

# 第一章

## 让亲子关系更和谐的9个秘诀

许多家长都希望自己能在孩子面前树立威信，希望孩子乖巧、听话，自觉、认真地施行家长发出的指令。可事实是，很多孩子就是不给家长面子，总是以哭闹、顶嘴甚至摔门而出来与家长对抗。于是，家长与孩子关系紧张成为一种常见的现象。本章就给家长朋友们介绍改进亲子关系的有效方法，以供参考。

# ▲ 细节1： 正确对待孩子的 "不听话"

32岁的李卉和同龄的郑女士是同事，也是很要好的朋友。平时有空闲时间，她们经常在一起聊天、逛街，而她们也有一个共同的烦恼，就是觉得孩子"不听话"，而且拿他们没办法。

一次，李卉和郑女士聊天时，说到了各自孩子的近况。李卉叹了口气说："我儿子最近越来越倔，说什么他都不听，真够头疼的。"

郑女士问是怎么回事，李卉告诉她："就像昨天，我工作忙，下班后就直接从饭馆打包了几盒饭菜带回家。到家后儿子问我吃什么饭，我说已经买了米饭和三份川菜，可他却说要出去吃西餐，还说我常去那家的川菜不好吃，他不喜欢。"

"那后来呢，你怎么说了，有没有带他去吃西餐？"郑女士问。

"我说不行，我今天太累了，明天再带他去。可他使劲儿地催着要立马去吃，我怎么劝都劝不动，后来他还坐在地上哭闹起来。我实在没办法，只好带他出去吃西餐。"李卉无奈地说。

郑女士紧接着也叹气道："其实啊，我女儿也一点儿不让人省心。前两天，我骑着自行车去学校接她，那会儿天气闷热，我骑着车有些疲累，心里也总是想着工作上的一些麻烦事儿。后来，快到家门口的时候，女儿突然小声说老师让买一盒水彩。我就说你早干嘛去了，刚才路过文具店的时候不说，但一边说着一边还是返回文具店去给她买。"

"哦，买了以后她应该高兴了吧？"李卉猜测道。

"哪里啊。你不知道，我们快到文具店的时候，她突然又跳下车，恨恨地说了句'不买了，回家'。我说已经快到了，还是去买了吧，可她硬是不去了，死死拽住自行车座说要回家，我当时气得差点当街骂她，但还是忍住了。不过，后来到家后，我还是训斥了她，指着她问为什么这么不听话，没想到她眼泪汪汪地说了句'妈妈，你知道吗，我们小孩儿其实也很可怜'。"郑女士耐心地说着。

然而，听到"我们小孩儿也很可怜"这句话时，李卉和郑女士一样惊讶。她们突然意识到，或许自己对待孩子的态度，也是导致其不听话的重要原因。

许多家长都希望自己能在孩子面前树立威信，希望孩子乖巧、听话，自觉、认真地施行家长发出的指令。可事实是，很多孩子就是不给家长面子，总是以哭闹、顶嘴甚至摔门而出来与家长对抗。于是，孩子不听话，就成了许多家长的一块大心病。

其实，孩子不听话，主要原因还在于家长。比如，家长的错误示范，会对孩子造成一些负面影响，如一边忙着做家务一边听孩子说话，孩子渐渐也会养成不专心听别人说话的坏习惯；家长从小溺爱孩子，过于顺从他，导致孩子以自我为中心，变得自私、无理，无视家长的存在；家长的情绪差，对孩子发火、大吼大叫，或因自己的事情而长时间不重视、不关心孩子，这会迫使孩子用"不听话"来对抗你，或引起你的关注。

所以，培养听话、乖巧的孩子，主要还在于家长。以下几种应对不听话孩子的技巧，家长们可参考使用：

### 1. 要弄清原因，正确看待孩子的不听话行为

很多时候，家长所认为的"不听话"，并非都是孩子的错。孩子的社会经验很少，看问题的角度常常会和大人不一样，而且他的想法往往很单纯，有时说出的话、所做的事并非故意。这种情况下，家长就不能简单地给孩子贴上"不听话"的标签，不能片面看待他的某些行为，更不能因此对他作出错误的评价。

相反，家长应该冷静下来，认真分析孩子不听话的原因，并且还要放下家长的"架子"，从自己身上找原因，因为家长的消极情绪、错误的教育方法等，都有可能给孩子带来负面影响。上述故事中的郑女士，就是因为平时没有认真了解女儿，没有与她多沟通以及自己当时的不良情绪，而导致了女儿"不听话"。

### 2. 要用友善的态度和孩子交流

每个人都渴望周围人对自己友善，渴望与他人平等交流，小孩子也不例外。平时生活中，家长若经常使用正常的音调与和蔼的态度和孩子谈话，孩子或许会更愿意认真倾听。要求孩子做某事时，家长的态度更要温和，要平心静气地向孩子解释做这件事的原因、目的，有什么好处等，而不是威胁他、强迫他；若孩子一时无法接受你的要求，甚至发生争执时，你也要克制自己的情绪，不能立刻发作，责骂甚至惩罚孩子，可以说"这个我们稍后再来谈论吧"，这样双方都有机会再去冷静地思考这个问题。

### 3. 时常陪伴孩子一起游戏或做其他事

对于家长交代的某些事情，孩子有时会因不感兴趣、觉得无聊或懒惰等而不

愿听从指令。这种情况下，家长可以试着陪孩子一起做事，可以用开展"竞赛"的方法激发孩子的兴趣与好胜心。比如，早晨起床时，孩子往往不愿刷牙洗脸，这时家长可以和他比赛，看谁刷得好、洗得快，并在孩子应赛后不断鼓励他。最后无论他洗得快还是慢，家长都要给予表扬，毕竟让他做完这件事情的目的已经达到，之后的鼓励和表扬则会增强孩子的自信心，让他在今后的日子里更加愿意听家长的话。

# ▲ 细节2：　两种方法让孩子不再胡搅蛮缠

小男孩涵涵3岁以前一直和爷爷奶奶生活在一起，后来要上幼儿园时才被爸爸妈妈接过来。如今，涵涵已经5岁，在幼儿园学到了不少东西，但爸爸妈妈渐渐发现，他的性格越来越粗野、倔强，总是喜欢胡搅蛮缠。

起初，涵涵的爸爸认为男孩子平时大大咧咧，偶尔表现出粗野的性格特点，这也没什么大不了的。可当涵涵胡搅蛮缠的"本事"越来越厉害时，爸爸妈妈都后悔没有尽早注意纠正儿子的许多不良行为。

记得刚上幼儿园的那一年，爸爸妈妈觉得涵涵出生3年以来，他们没有尽到做父母的责任，没有给儿子足够的爱。所以，当他们接回涵涵后，就想尽量弥补他，尽可能满足他的所有要求。

可慢慢地，涵涵开始发生变化，以前看到一些不该要的东西，他又很想要时，爸妈只要把道理说清楚，他一般就不要了。后来，每次外出看到街上有卖的什么吃的、玩的，只要他喜欢，爸妈不愿意买，他就开始在嘴巴里念叨。这时爸妈若没作出反应，他就开始哭，还经常哭得撕心裂肺，任爸妈怎样讲道理，他都听不进去，而且会哭闹得越来越厉害。

不仅仅在买东西方面，平时遇到其他一些事情，他也时常会胡搅蛮缠。有时涵涵生病了，妈妈给他买了药，然后哄他按时吃药。原本，他已经答应好会乖乖吃药，可当妈妈给他喂药时，他却经常借故跑开，有时甚至打翻药碗。

如今，涵涵上幼儿园已经两年，学到了不少东西。一次，他们一家人和亲戚们聚餐，他的姑姑叫他给大家唱一首新学的儿歌，他明明知道正确的歌词，却偏要唱错。

当时，姑姑说："咦，我记得这首歌的歌词不是这样的啊，涵涵你是不是唱错了？"

"没有啊，我一直就是这样唱的，你们那样唱才不对呢。"涵涵辩解道。

可实际上，刚开始学这首歌的时候，妈妈很清楚地听到他唱出的歌词是正确的，而现在的歌词，是他自己改的，他觉得这样唱才有意思。

涵涵的这些行为，明摆着就是蛮不讲理、颠倒黑白，很多事情当中的道理，他都很清楚，但就是会明知故犯。对此，爸爸妈妈十分头疼，不知道该如何纠正他的这种行为。

小孩子出现胡搅蛮缠的行为是难免的，一般来说，在 12 岁以前，孩子的许多行为和心理活动都被自己的情感左右，缺乏理智的他总是会不讲道理，喜欢与家长较劲。

所以，年龄越小的孩子，出现胡搅蛮缠行为的情况越多。对此，家长讲道理所起的作用会很小。这时，要想纠正孩子的这种不良行为，家长就需不断学习新的教育方法，采取其他更有针对性的措施。以下方法可供家长们参考：

**1. 弄清原因再判断孩子是否"胡搅蛮缠"**

孩子"胡搅蛮缠"，肯定是有原因的，有时是不满自己当前的处境，想提醒家长更重视、关心他，有时是自己做事的方法和大人不同，或对一些事情有自己的看法和理解。

比如，从理论上讲，电脑输入法中五笔打字比拼音打字快，但许多孩子往往都会选择拼音打字，当家长说他、叫他使用五笔打字时，他就会辩解。这种情况下，孩子其实是对的，因为就他自己的能力而言，拼音打字可能真的比五笔快，拼音是他从小就开始学习的，而五笔打字法他可能还不熟悉。所以，此时家长不能站在自己的立场上说孩子做错了，不能冤枉了他，更不能盲目批评。

如果家长在弄清孩子蛮不讲理的原因后，发现他真的有错，那就应该努力说服他用正确的方法做事，同时还要显示出家长的权威，说一不二。如，在孩子胡搅蛮缠时，家长可以露出严肃的表情，并用简洁的语言说清自己的要求及相应的奖惩措施。孩子若继续这种不良行为，家长就应说到做到，对他施以惩罚。

**2. 家长要善于理解孩子，要试着换位思考**

孩子往往都有较强烈的好胜心，如果家长总是高高在上，用"大人"的身份要求孩子，孩子就会渐渐产生厌恶情绪，进而在某些问题上胡搅蛮缠，与家长较劲。

针对这种情况，家长首先应表现出谦让、善于理解他人的好品质，要和孩子平等交流，或学着换位思考。比如，哪天家长可以故意做错某件事，让孩子清楚地看到并指出错误，然后家长可以学他胡搅蛮缠。等孩子生气、恼怒的时候，家长就可以说出自己的真实意图，并将孩子胡搅蛮缠的实例拿出来探讨，让他理解家长的良苦用心。

# 细节3：三种方法避免孩子过分黏人

辛女士的女儿4岁了，特别黏人。或许因为辛女士是全职妈妈的关系，女儿从小就跟她亲近，对爸爸总是若即若离的感觉，高兴时会让爸爸陪她玩，不高兴时直用手推他，或想办法往妈妈怀里钻。

平时在家里，女儿总是盯着辛女士，上洗手间、洗澡等都缠着她不放，更别说做家务或外出的时候。辛女士常常开玩笑说，女儿就像个小尾巴一样，怎么甩都甩不掉，弄得她什么事情都做不了。

一次，辛女士看女儿在很投入、很愉快地摆弄一些玩具，于是她悄悄起身准备去整理一下书房，因为书房已经很长时间没有整理，里面的东西摆得乱七八糟的。可没想到，女儿像长了第三只眼似的，没等辛女士走出她的房门就嚷嚷起来："妈妈不许走，你要陪我玩！"

于是，辛女士只好又坐下来陪着女儿，同时等待下一次机会。过了一会儿，看女儿玩得很高兴，她便再次起身打算忙自己事，不料想又被女儿"抓个正着"。

不仅仅是白天，晚上睡觉的时候，女儿也总是黏着辛女士，让辛女士搂着她睡，如若不然，她就会哭闹或者用"静坐"的方式抗议。后来，辛女士觉得女儿在家尚且如此，到了外面岂不是黏人黏得更厉害。想到这里，她更加担心了。

一般来说，特别爱黏人的孩子，其生活自理能力会很差，因为他已经习惯于依赖大人，自己什么事情都不愿做，也不会做。另外，喜欢黏人的孩子在思想上往往也不独立，遇事常常缺乏主见，别人说什么就是什么，自己总是"不知道"。

因此，为了让孩子拥有独立人格，能够健康的成长，家长应从小注意纠正其过度依恋的行为。具体来说，家长可以采用以下方法避免孩子过分黏人：

### 1. 避免孩子黏人，重在培养其独立能力

一般情况下，从孩子几个月大时，家长就可以放手让他独立做某些事情，如给他一些喜欢的玩具，让他坐在小床上自己玩耍，或让他安静地听听音乐，让他自己扶着奶瓶喝奶等。

孩子1岁以后，家长就应该教他一些基本的生活技能，如让他自己拿勺子吃饭，自己穿衣服、洗手等，同时还可以鼓励他和同龄的小朋友一块儿玩。

在培养孩子独立能力的过程中，家长不能太过心急，不能经常催促孩子，否则孩子会越来越紧张，进而无法顺利完成手头的事情。

### 2. 让孩子和妈妈短暂分离

大多数情况下，小孩子都喜欢黏着妈妈，但妈妈不可能一直陪在他的身边。这时，妈妈应创造机会让孩子多接触家里的其他人，可以用孩子感兴趣的游戏或活动转移他的注意力，让他和其他家人一起玩。

### 3. 给孩子足够的安全感

很多时候，孩子喜欢黏着大人，是因为他缺乏安全感，害怕父母丢下他、不管他。对于这样的孩子，家长应给予他足够的安全感，在他还没有适应离开父母的生活时，要尽量多陪他，不要无缘由地留他一人独处。

如果因为一些很重要的事情而不得不离开一会儿，家长应与孩子约定时间，如告诉孩子你有什么事、要离开多长时间、什么时候回家等。这样，孩子就会明白分离只是暂时的，家长并不是要丢下他。

## ▲ 细节4：当孩子漠视父母的意见时怎么办

5岁的小男孩京京非常活泼好动，很招人喜欢。可最近，妈妈发现他不太会注意听别人说话，而且经常出现假装没听到的现象。

一个周末，京京妈妈的朋友带着自己的女儿来京京家做客。朋友的女儿4岁，跟京京很合得来，两个人玩得很开心。后来，妈妈和朋友一边看电视一边聊天，突然想到可以趁此机会让儿子学习照顾客人，于是对玩得正开心的儿子说："京京，

你去帮阿姨和妹妹准备一盘水果吧！"

妈妈说话的声音不小，可京京好像没听见，并没有作出任何反应。妈妈又唤了他两次，可他还是无动于衷，而朋友的女儿却每次都能听见，还转过头来看看京京的妈妈。

这时，妈妈发觉京京好像是假装没听见，于是她走到京京身边，很大声地叫他，他被吓了一跳，但几秒钟后他还假装一副惊魂未定的样子，好像之前真的没有听到妈妈在叫他。这下，妈妈确定京京是故意的，就立即批评他。

后来的一段时间，妈妈发现京京还是经常假装听不到大人说话，而且越批评，他越是充耳不闻。有时大人拉着他，让他看着说话人的眼睛，他也是看一眼又东张西望，根本不在意对方说什么。

一次，妈妈做好饭后叫道："京京，快去洗手，要吃饭了。"几分钟后，京京没有任何反应，依然坐在客厅里看动画片。妈妈又叫了一遍，他还是若无其事地看电视。妈妈走过去拍着肩膀说："我叫你洗手吃饭，你没听见吗？"

"这不是才叫第三遍嘛！"京京好像很无辜地回答道。

面对京京的充耳不闻，爸爸妈妈都很懊恼：孩子越大越"不听话"，这样下去以后该怎么办呢？

孩子充耳不闻，漠视家长提出的意见或要求，这是一种非常恶劣的行为，若长期如此，他很可能会变得目中无人，做事也无法集中注意力。

生活中，将家长的话当作耳旁风的小孩很多，他们往往听不进许多重要的信息，交给他做的事，要么根本不去做，要么就会做错。对孩子而言，这是十分不利于他的正常学习和生活的坏习惯，家长应在他刚刚出现类似行为的时候及时采取措施，将他充耳不闻的不良行为"扼杀"在萌芽状态，以免其在未来的日子里长期影响孩子。

那么，在纠正孩子充耳不闻的不良行为时，家长采取何种措施更有效呢？

### 1. 与孩子面对面说话，必要时可适当惩罚他

家长要求孩子做某事时，应直接走到他面前，告诉他该做什么，并让他看着你作出回应。如果孩子还是不注意听，家长就应直接告诉他会有什么对他不利的后果，如几次要求孩子去洗澡，他却仍然若无其事地上网、看电视等，那就告诉他再不行动起来，这个月他将损失一部分零花钱，或几天不能上网等。而且，在惩罚孩子时，家长要坚持不让步，若一时心软而免除惩罚，今后孩子就不会太在意你所说

的不良后果。

### 2. 让孩子放下手中事，然后再和他说话

当孩子正在全神贯注地做某件事情时，家长突然提出的意见、要求，可能会打乱他的计划，会让他觉得受打扰了。这种情况下，他可能会无视别人的存在，但这并不是他故意和家长作对，而是在用自己的方式"免打扰"。

对于这样的孩子，家长若想让他听话，让他按照自己的指示去做事，那就应该先让孩子放下手头的事情，然后再和他说话，并且要对孩子说"抱歉"，让他感觉到自己是受尊重的。

### 3. 给孩子提供一个安静的环境

要让孩子集中注意力去做事或听别人讲话，家长应时常注意给他提供一个安静的环境。比如，和孩子说话时，尽量不要开电视或电视的声音不能太大；孩子认真做事时，家长不能随意插话打断他。

另外，平时生活中，家长应认真聆听孩子说的每一句话，还要督促他做个守信的人，如将每天要做的事写在便签上，然后贴在他的房门、写字台上，督促他按时完成。

## 细节 5：不能事事以奖赏激励孩子

小凡是个很聪明的女孩，但她从小就比较贪玩，不像其他小女孩那样文静，也不怎么爱学习。

以前，妈妈为了激励她认真完成一些事情，总是给她许多物质奖励：小凡，快去写作业，写得好妈妈明天给你买你最喜欢的糖果；小凡，好好画画，妈妈就送你一盒更好的彩笔；小凡，明天小测验的成绩好，妈妈就给你买套新衣服……

起初，妈妈一说要给什么奖励，小凡就很高兴，会立马听妈妈的话，努力完成这件事情。可慢慢地，妈妈这一招就不那么奏效了，当要求小凡做某事时，小凡要么直接问"你会给我什么奖励呢"、"你会给我多少钱"等，要么想尽办法与妈妈讲条件。

为了让小凡好好学习，妈妈曾给过她许多奖励。有段时间，小凡喜欢吃日本料理，妈妈就说："只要你好好学习，这个月底的测验考进前10名，我就带你去那家

很有名的日本料理店吃饭。"

"真的吗？那太好了，我一定努力考进前10名。"小凡高兴地说。那天之后，她的确很用功，看书、写作业都比以前认真了许多。

月考结束后，小凡果真进了前10名，妈妈便信守承诺带她去吃日本料理，事后还说，如果下次有进步会再带她去那里吃饭。

后来的两个月，小凡的成绩也都不错，所以妈妈给了她之前允诺的奖励。可当她们第三次吃日本料理时，小凡对这种奖励不感兴趣了，她说："老来这里吃，已经吃腻了，不能换个其他的奖励方式吗？"

于是，妈妈无奈地摇摇头，然后又开始思考用其他的奖赏来激励小凡。她想了想说："你不是想出国旅游吗？下次你考入前5名，我就带你去好吗？"

出国旅游对小凡无疑是个很大的诱惑，听到这个消息后，她学习起来更加努力了。可半个月后，她又泄气了，因为她觉得妈妈在骗她。她告诉妈妈："你今年根本没几天年假，怎么可能有时间带我出国玩？而且我听说去国外旅游也就那样，没什么特别的，我还是不去了。不过，要是你每个月给我增加100元零花钱，那我就继续努力学习。"

听到这些，妈妈既无奈又担心。

生活中，很多家长都会遇到和小凡妈妈一样的问题，就是长期用物质奖励来激励孩子，导致孩子沉迷奖赏，将任何事情都当成是获取奖励的筹码。

其实，家长一味地用物质奖励激励和督促孩子，很容易降低他对事情本身的兴趣，还会使他形成错误的价值观。那么，家长如何做才能避免孩子沉迷奖赏呢？

### 1. 激发孩子对某件事情的兴趣

美国著名心理学家爱德华·德西研究发现，一个人进行一项愉快的活动时，如果对他提供外部的物质奖励，反而可能减少他对这件事的兴趣。

对孩子来说，兴趣是他完成一件事更大、更持久的动力，对于自己感兴趣的事，他更容易全身心地投入其中。

所以，家长要求孩子做某事时，应注重激发他对此事的兴趣，而不是一味用物质奖励来诱惑他。比如，要求孩子画各种动物的简笔画，家长可以说：来，我们比赛画画，看谁在一小时之内画得又多又好看，画完我们可以拿着这些画和邻居家的小妹妹一起做游戏。和家长比赛画画、利用图画和小朋友做游戏，这对孩子来说，往往是比画画本身更有趣的事，所以他会更乐意听从家长的安排。

2. 让孩子明白很多事情是他分内之事，不该要求"奖赏"

生活中，很多事原本就是孩子应该做的，家长应该督促他认真完成，没必要以物质奖励做诱饵，即使要给予奖励，也应以精神鼓励奖励为主。比如，家长可以用拥抱、竖个大拇指等肢体语言，对孩子表示认可和肯定，或口头表扬他，让他产生荣誉感。

# 细节 6：如何让孩子从"小皇帝"变成"小平民"

"宝贝孙子，啊……来，张开嘴吃饭了。"吃晚饭的时候，一家人都围在肖肖身边，这个喂饭，那个送汤，忙得不亦乐乎。尤其是肖肖的爷爷和奶奶，更是疼孙子疼到了骨头里，饭菜不仅要可口，还得软硬适中、温度适宜。

"爸、妈，你们别总惯着他，惯出毛病了怎么办?"有一次，来肖肖家做客的叔叔实在看不过去，就开口劝两位两人别总这么娇惯着孩子。

但爷爷奶奶却觉得自己给孩子的疼爱还不够，笑着对叔叔说："你和肖肖爸小时候也是这么疼过来的，现在不是成才了吗?"

"那不一样啊，现在的物质生活更奢侈，对小孩子的成长很不利的。"叔叔想再劝劝爸妈，但他们摆摆手，不想再听他的话。没办法，叔叔只好对肖肖爸妈说："大哥、大嫂，你们也劝劝爸和妈，他们……"

肖肖爸苦着脸说道："我们也觉得有点疼爱过度，但是爸妈高兴，就随他们去吧。"

"哎……迟早你们会后悔的。"叔叔说完这句话，就背着手离开了他们家。

就这样，肖肖继续过着他衣来伸手、饭来张口的"小皇帝"生活。性格骄横、脾气泼辣，放在眼前的东西，只要是他喜欢的，就一定要得到，否则就开始哭闹，让家里人吃了不少苦头。

有一天，屋外哗哗哗着大雨，肖肖听着雨声，看着滴落在地上的小水珠，觉得十分有趣，拉着爷爷的手嚷道："爷爷，我们出去玩吧。"

"外面正在下雨，淋湿了会生病的，乖，今天就在家里玩吧。"爷爷对着他，摇了摇头。

肖肖却不管这些，拽着爷爷就往屋外走，嘴里还嚷嚷道："不行，我就是要在下雨天出去，爷爷快点，我们出去看雨。"

"别拉，别拽，爷爷要摔倒了。"爷爷被他拽着不一会儿就出了屋。

爷爷见他这么想出去，就说："那我们回去拿把伞，打伞出去吧。"

谁知肖肖却使劲摇着头，依旧拉着爷爷往大雨里走。

"我不要打伞，我要在雨里跑步，爷爷快扮成马，我要在雨里骑马玩。"肖肖拽着爷爷的手，指着泥泞不堪的水泥地面，对爷爷下着命令。

"这样会生病的，乖，我们回家，爷爷当马给你骑，好不好？"爷爷身上已经淋湿了，老人家身体弱，不一会儿就觉得头晕目眩了，可肖肖却不理会这些，一定要让他在雨中扮马。

爷爷不干，肖肖马上一屁股坐在雨地里，哇哇哭了出来。听到动静的一家人跑出来把他哄回家后，爷爷也因为淋了雨而病倒了。

故事中的肖肖只是现实生活的剪影，代表着时下一个很严重的问题：长辈过度宠爱孩子，捧在手心怕摔着，含在嘴里怕化了。以致现在的许多孩子过着衣来伸手、饭来张口的养尊处优的生活，且任性而为、目无尊长。

诚然，长辈们疼爱孩子的心情可以理解，但任何事情都需要有度，在疼爱孩子的同时也应教孩子基本的生活技能，知道究竟怎样做才是真的对孩子好。所以，家长应该"狠"下心来，扮演"冷面"角色，帮助孩子形成一个良好的生活习惯。

孩子这种任性行为大部分是因为小时候父母比较娇惯分不开的。从心理学的角度看，任性虽然有遗传的因素和性格类型的影响，但后天的环境和教育养成却是起着关键的作用。它与儿童的早期教育密切相关。家庭的过多溺爱容易导致任性的行为出现，结果是孩子的心里只有自己，觉得自己是家庭的中心，不管客观环境和外界条件是否允许，想说就说，想闹就闹。对于这种情况，家长应"宽严相济"进行教育。

### 1. 冷静对待孩子的哭闹

几个月的孩子哭闹起来，家长会抱起他哄着他直到他安静下来。但如果孩子越来越大了，家长还这样做的话，就很可能让他养成任性爱哭的毛病。孩子如果已经两岁了，仍然哭闹着希望家长附和自己的任性、满足自己的无理要求，家长就要冷静应对。家长必须坚持自己正确的立场，如果家长不听劝告也不听道理，就不再理他。当他明白哭闹也无法达到目的，就会放弃这种费力不讨好的方法。

### 2. 让孩子听长辈的话，而不是相反

服从家长的指示是指孩子应服从家长的安排，而不是由他去指挥家长，影响家长的决策，而家长的指示应是合符孩子能力和需要的，而孩子也应乐于做出家长认为恰当的行为。

### 3. 让孩子拥有有限的选择和决定权

有限的选择和决定权有助提升孩子个人能力和创意，家长不宜过份扼杀，但要让孩子明白一个清楚的范围界线，例如在预备午餐前，孩子可决定吃饭还是面，若决定了便不可以改。

## 细节 7：如何避免孩子"窝里横"的情况

小宇一家正坐在饭桌前吃晚饭，突然，小宇"啊"的一声叫了出来，并捂着嘴皱起了眉头。

"儿子，怎么了？"妈妈连忙紧张的问。

小宇却不理会妈妈的关心，身子用力一扭，就躲过了妈妈伸过来的手。妈妈愣了一下，叹着气，问道："告诉妈妈，发生什么事了？"

"还不是因为妈妈太笨了！"小宇生气地把嘴里的饭吐在桌上，指着它们气乎乎地指责妈妈做饭的时候没有仔细淘米，害得他被石头咯了牙。

"这个妈妈也没办法啊，以后妈妈会注意的，来，嗽嗽口，继续吃吧。"妈妈好意递过一杯清水，小宇却把筷子一摔，呵斥道："妈妈，这碗都有石头了，还怎么吃啊，给我重新盛一碗。"

"可是你才吃了没几口啊？浪费食物可不是好孩子的行为。"妈妈说。

爸爸也附和道："就是，快点把剩下的饭吃掉，要不然妈妈辛苦做好的饭菜，岂不是糟蹋了！"

"我不管，要让我吃它，还不如直接扔了。"嘴上这样说的时候，小宇的手已经动了起来，啪的一声，就把饭碗拍到了地上。随着一声清脆的碎裂声，爸爸妈妈吓了一跳。

"你这孩子……"爸爸逮住小宇，就朝他屁股狠狠拍了两巴掌，直到他哇哇哭起来，才气乎乎地松开手，妈妈愁眉苦脸地蹲下身，收拾起地上的碎片和米饭来。

第二天，妈妈带小宇上街买菜，妈妈一眼没瞅见，小宇就跑开自己玩去了，奔跑的时候，不小心撞上了一个同龄的男孩。

"喂，你走路不长眼睛啊。"小男孩生气地推了他一下，可他完全没有了在家里时的嚣张气焰，像个懦夫一下，缩着脖子，连对方的脸都不敢看。

小男孩一见他这么好欺负，更来劲儿了，左推他一下，右踢他一脚，"玩"得不亦乐乎。

"喂，你倒是说句话啊，撞到人连句道歉也不会说吗？喂……"

"小宇……"小男孩"玩"得正起劲的时候，小宇的妈妈买好菜回来找他了，小男孩一看情况不妙，赶紧溜之大吉。

妈妈着急地跑到小宇身边，蹲下身子问他："怎么回事？有没有挨打？受伤了没？"

一改刚才懦弱无能的模样，小宇见到妈妈后，马上嚣张起来，叉着腰大声斥问道："你怎么现在才来！买东西哪用得着那么长时间？还不赶快背我回家！"

妈妈虽然对他的态度有些无奈，不过还是"听话"地把他背到了背上，叹着气往家里走去。

小宇出现这样的反差并非短时间形成的，而是家长一味无条件地满足孩子的需求，对孩子的无理要求也不加以纠正所造成的。除此之外，家长对在外面受到挫折时懦弱而在家里无所顾忌发泄的孩子百般容忍，这也会导致孩子的两面性：在家飞扬跋扈，在外胆小如鼠。

另外，孩子与外界接触少也是原因之一。之所以很多小孩在家时依仗父母的宠爱为所欲为，而一旦失去家庭的庇护就会变得可怜楚楚、不知所措，这是因为他们不懂得"平等""互助""友爱"等概念，与人相处时不自觉产生恐惧心理。在外面，没有人再满足他们提出的任意要求、没有人再在乎他们的感受，他们又不懂得如何争取，发脾气也只会引来旁人的反感甚至责备，以致他们无所适从，感觉自己不属于外面的世界，从而变得被动、懦弱、小心翼翼。这就是缺少挫折教育的表现。这样的孩子往往也缺乏独立性和耐性。

类似小宇这样在家为王，出外迷茫的孩子，父母应负主要责任，真正的疼爱是适度的关爱伴以正确的教育。对待这种缺少挫折教育的情况，父母也不必着急，应静候时机，了解孩子所想。然后，教会孩子如何表达自己的意愿，如何面对挫折。多带孩子到户外活动，让孩子多接触外界，与其他小朋友发生不愉快或冲突时锻炼孩子尝试自己解决。

另外，培养孩子的独立性也是方法之一。试着让孩子独自处理生活和学习上的问题，令其从中获得快乐感以及满足感，让孩子变得更自信，也可由此让孩子体会到做事情的不易进而体谅父母。但此过程需要循序渐进，家长不可急于求成，应常用"你再试试"之类的言辞、眼神鼓励孩子，平复孩子受到挫折时的躁动、摈除孩子欲退缩的想法。除此之外，父母还应多为孩子安排实践的机会，如此孩子必会变得愈加开朗、自信。

## 细节 8： 轻松应对孩子的叛逆行为

奇奇今年快 5 岁了，是个调皮爱捣蛋的男孩子。不过最近，奇奇又多了一项坏毛病，那就是—不听大人的话！

比如，吃饭的时候，妈妈让奇奇先洗手再吃饭，可奇奇偏不听妈妈的话，伸出手直接抓一把饭菜送进嘴里，嚼的津津有味，妈妈真担心他哪天会吃坏肚子。

这样的事情屡禁不止，反正就是爸爸妈妈让他往东，他非得跑到西边去，总是和大人们唱反调，越让他做什么，他越不做什么。

"这孩子怎么这么叛逆呢？真是越来越难管了！"闲暇时，妈妈总是这样无奈的唠叨两句。

这天家里来了几位客人，妈妈让奇奇帮忙把客厅的桌子擦一擦，好摆放水果和零食让大家吃，但奇奇却吐着舌头边扮鬼脸边对妈妈说："不去不去就不去！"

"你这孩子，又不听话了，那帮妈妈把抹布拿过来，妈妈手里拿着东西，没办法拿。"妈妈只好退了一步，但奇奇依旧不肯听，眨眼的工夫就跑回自己屋玩去了。

"小孩了都这样，抹布在哪？我帮你去拿。"其中一位客人站起来帮奇奇妈拿来了抹布，奇奇妈很不好意思地冲大家笑了笑，说道："孩子越大越不听话，真是愁死人了。"

"可不是嘛，我们家闺女也这样，前天发生一件事，可把人给气坏了。"另一位客人愁眉苦脸地叹了口气。

见她这样，马上有人问："发生了什么事？"

"前天吃晚饭的时候，我家闺女着急看电视，在饭桌上吃的那叫一个急啊，感觉都恨不得把整碗饭塞到嘴里拉倒。"

"哈哈，我家孩子也经常这样。"奇奇妈笑道。

但那人却摇摇头，说道："你听我继续说嘛，真的是太气人了。"

"我怕她噎着，就赶紧让她吃慢点，可你们猜她怎么着？"

"难道是生气不吃了？"

"那倒好了。"客人扁扁嘴，对大家说："最后，她越吃越急，嘴里的还没嚼烂咽下去，碗里的又塞进了嘴里，最后鼓着个大嘴巴，用手捂着跑去看电视了。等我们吃完饭，收拾好饭桌也坐到电视前的时候，她还是那个样子，用力的用手捂着嘴，我们看着都觉得喘不过气来。"

"天哪……估计是咽不下去，赶紧让她吐出来啊。"奇奇妈仿佛真看到那一幕，心疼地说道。

客人苦笑一下，对她说："让她吐，她不吐啊，非得那样捂着，死活都不肯张嘴，最后还是孩子他爸用力把她的嘴掰开，这才把那一嘴的饭给抠了出来……事后还和我们赌气，差差把她爸爸给绊倒。你们说说，现在的孩子，怎么就知道反抗父母呢，哎，真愁人！"

奇奇妈连连点头，无奈地指指奇奇的房间，悄声说道："谁说不是呢，瞧瞧我们家儿子，一样叛逆着呢。"

孩子在成长中，自我意识初步形成，不管父母多么注意，孩子都会经历一次"反抗期"。这种叛逆和反抗心理，因人而异，有些孩子可能表现的不是很突出，而有些孩子因为生活环境的因素，逆反性可能比较明显，在面对父母或其他长辈时，常常你说东，他偏往西，就和你对着干。

其实，逆反心理是孩子的天性，表现越强烈的孩子，自我意识就越强，这样的孩子更勇敢，更有创新精神，将来在社会上更容易做出一番贡献。但如果父母不能正确引导孩子的逆反心理，使其往积极方面发展，那么孩子的性格可能会向不良的方向发展。比如，多疑、冷淡、固执等，对成长十分不利。那么，父母应该怎么面对孩子幼儿期的逆反心理呢？

### 1. 过度保护让孩子开始反抗

随着孩子年龄的增长，他的思维和表达能力也跟着提高，对周围的环境有了自己的认知和感受，自我意识渐强，种种变化会使孩子的独立性越来越强，有了自己的愿望和想亲手做的事情。但父母在对待孩子的时候，常保护过度，担心孩子在操作过程中受伤，而包办代替，久而久之，孩子找不到自我表现的时机，自然会开始反抗父母。

所以，在孩子六七岁的时候，如果他有自己的想法想要实现，父母不要过多的限制和干涉，应该鼓励其去做自己想做的事情，给孩子表现自我的机会。

### 2. 家教太严孩子也易反抗

和包办代替不同，有些家庭的家教非常严格，这类父母多认为"棍棒之下才会出孝子"，所以在和孩子说话时，经常是不考虑孩子的想法，非常严厉或粗暴的对孩子做出要求。如果孩子做不到父母所要求的事情，就会受到严厉的批评或惩罚。这种情况下，孩子很容易与父母产生对立情绪。

这种情况下，当父母发现孩子逐渐产生反抗情绪时，应及时改变家庭中的不合理教育方式，多听听孩子的想法。有时候，孩子的意见虽然幼稚，但却是他们真实的想法，父母在倾听孩子的想法时，应循循善诱为孩子讲解其中道理，当他能大致明白某件事的道理后，就能积极听取父母的意见，从而顺利度过人生中第一个"逆反期"。

### 3. 父母"黑白配"

当父母在孩子的教育中出现问题时，不妨利用一下"角色扮演"，父母当中，一个扮"黑脸"，一个扮"白脸"，当孩子有无礼行为时，"黑脸"训斥，指出他的不当行为；"白脸"安抚，用较温柔的口吻对孩子讲明其中的利害关系，让孩子明白，"黑脸"所说是有道理的，我们应该听从。父母的这种"黑白配"方法，不仅能对孩子进行教育，还能使孩子在不遭受打击的情况下理解父母的好意。

## 细节9：让孩子喜欢和家长交流

佳文的女儿笑笑聪明又漂亮，虽然只是个小学三年级的学生，却"饱读诗书"，是社区里有名的小神童。曾有年轻的父母来问佳文是如何教育孩子的，佳文只是笑着回答道："我和笑笑爸工作忙，没什么时间管她，就从小把她扔到书堆里，可能是书读得多了，了解的知识自然也就多了吧。"

"这样就可以了？"很多家长不太相信她这话，可又觉得很有道理，纷纷表示回家在自己孩子身上试一试。

能被家长们称赞会教育孩子，佳文当然高兴，可在家长们看不到的地方，佳文也在为如何教育笑笑而苦恼着。

"笑笑，告诉妈妈，最近都看了哪些书？"有一次，佳文下班回家看见笑笑正在看书，便想着趁这个机会和她谈次心，没想到，笑笑只是抬了抬头，便漠然的回答道："没什么，和平时一样。"

"是吗？"佳文再一次失望地露出一抹苦笑。笑笑虽然从小就聪明懂事让家里人少操很多心，但她却从不和人亲近，不管问她什么问题，都爱搭不理的，佳文从没听她说过心里话，虽然有时候她也会对家里的事情发表一些看法，但佳文觉得，那其实并不是她真正想表达的。

在这个竞争激烈的现代社会中，父母最大的感悟可能就是一个字：忙！忙着工作，忙着应酬，忙得焦头烂额，却从没想过在孩子身上"忙一忙"。而这也正是导致孩子不愿与父母交流、交心的主要原因。

父母有没有想过，当你开始感觉同孩子沟通是件麻烦事，或根本腾不出时间和孩子讲话的时候，孩子其实也在渐渐发生变化。当父母一次又一次敷衍孩子的问题，面对孩子的提问不是训斥就是表现出一副厌烦的样子时，孩子渐渐的就不再把父母当成亲近的人，心里的话自然也就不愿意同父母分享。于是在父母的眼中，孩子的性格变得不再乖巧，甚至有些阴郁。

故事中的笑笑就是这样，笑笑爸妈因为工作忙，从小就把她"丢"进了书堆，虽然在书的海洋中笑笑增长了知识，但和父母却不再亲密，不管妈妈问什么、说什么，她都不想坦率的把心里话讲出来。这对孩子的成长是极其不利的。

那么，我们该如何做，才能使孩子坦率的把心里话与父母分享呢？其实，孩子考虑事情是很单纯的，只要父母先迈出一步，努力一把，便能如愿以偿，听到他们的心声。

### 1. 做孩子最亲近的人

不管是孩子还是大人，想让他们说出心里话的方法都是一样的：先做他最亲密的朋友。试问，谁会和一个自己不信任，关系不亲近的人进行比较深入的交流呢？只有当我们认可某个人，把他当作知己、死党的时候，才有可能把深藏在心底的话讲出来。

所以，父母想要听到孩子的心里话，首先应建立起信任关系，在此基础上，进行沟通、交流。如果父母愿意，还可以把孩子看成自己的朋友，这样的身份更容易打开孩子的心门，让他对你知无不言，言无不尽！

### 2. 做孩子忠实的听众

若想让孩子学会开口对父母说心里话，做父母的不妨和孩子面对面坐下来，安静认真的听他说说话，哪怕只是毫无营养的唠叨。

孩子能从父母的反应知道父母是否喜欢听他说话，哪怕只是一件小事，如果父母表现出一丁点儿的倾听意愿，不时的点下头，冲他微笑，孩子便会打从心底里愿意和你诉说更多他心中的小秘密。你越"认真"听，他就越想同你分享更多的话语。从倾听开始，诱导孩子一点点打开心防，使他愿意和你说心里话吧。

### 3. 批评让孩子"有口难开"

不管孩子是不是做了错事，当他想向你倾诉某件事情的时候，批评就像迎头一击，对孩子的打击是很大的。久而久之，当你某天很想知道到底发生了什么事的时候，他可能不会痛快的告诉你一切。所以，批评对孩子来说就像"禁言咒"，如果想要孩子对你敞开心扉、无所不谈，就在他第一次讲述身边"趣事"时耐心听完，再引导他正确分析这件事，不要过早的下结论，认为孩子做了错事而批评他。

# 第二章

## 8招改变孩子日常不良做事行为

孩子做事马虎，无论做什么都磨磨蹭蹭，有时还出口成"脏"……这都是怎么回事儿？很多家长都为孩子的不良日常行为烦恼。在本章中，我们针对孩子常见的几种做事不良行为，提出了相应的解决方法，供家长们参考。

# ▲ 细节 10：如何让孩子变成"小细心"

潘宜刚上小学一年级，对老师教的新知识十分感兴趣，每天回到家都会趴在书桌上又写又念又画的，妈妈看在眼里，别提多高兴了。

"宜宜，今天老师又教什么了？"妈妈见女儿放学一回家就往书房跑，也高兴地跟了进去。

潘宜小脑袋一扬，很自豪地回答道："英语单词，可有意思了。"

"是吗？那你都学会了吗？"

"当然！"潘宜点了点头，对妈妈说："不信你考考我。"

"看来我们宜宜很自信嘛，那我就考考你！"妈妈正好也想知道女儿最近的学习情况，便拿起了她的练习册，分别指向不同的英语单词，让女儿读出来。

"a，b，c，d……"女儿读的时候还挺不错的，但当妈妈让她写出来的时候，妈妈发现了一件事，女儿总是把 b 和 d 写反。

"哎呀，不小心就写错了，其实我是知道哪个是哪个的。"妈妈指出她的错误后，潘宜吐着舌头笑道。

妈妈点了下她的额头，说："怎么这么马虎，考试的时候可别犯这种错误啊。"

"知道了。"潘宜低着头有些不高兴地回答。

有了这次经历后，潘宜学习更加用功了，就怕再出现错误，让妈妈笑话，可越怕什么，就越来什么。没多久的一次考试中，潘宜又犯了同样的错误，因为马虎，把 b 和 d 搞错了。

而且，其他的考试科目潘宜的成绩也不理想，妈妈拿到试卷后，发现女儿的很多错误都是因为看错题或不小心漏题造成的。

"怎么会看错呢？"妈妈抖着试卷生气地问："还有这道题，这么显眼，怎么会因为看不到而漏答了呢？"

"我也不知道……"女儿小声回答道。

"有一半以上的错误是因为马虎白白丢分的，还说不知道？明天妈妈给你买几套练习题去，你每天放学回家后都要做一份练习，直到正确率提高为止。"妈妈再也不能容忍潘宜小马虎的毛病，做出了自以为有用的判断。

可没想到，下次考试的时候，潘宜还是因为马虎丢了不少的分，平时不管是学习还是日常生活中，也经常因为马虎做错事情。

妈妈越来越不明白女儿的问题出在哪了，到底是什么原因使她变得这么马虎呢？又该用什么方法纠正她这个毛病呢？

潘宜的这种马虎行为是许多孩子都有的，而家长也大都如故事中的妈妈一样烦恼不已。想要解决就必须寻根问源，对症下药。相关人士表示，孩子的这种马虎行为通常是由两种情况造成的。一种是平时没有养成良好的习惯，导致做事粗枝大叶；另一种是孩子的生理和心理年龄均尚未成熟，做事时不能全神贯注，也有可能是没有切合自己的实际能力而想当然地去做想做的事情。所以针对孩子的马虎，故事中的妈妈让潘宜多做习题的方法是不适合的，家长应采取治本的方式进行纠正，让孩子从思想上对责任心产生认识。

### 1. 培养孩子的责任心

责任心是一种敢于负责、敢于主动负责的态度，是做好事情的必要前提。一个人只有拥有责任心才会谨慎从事、一丝不苟，反之则会敷衍了事。培养孩子的责任心，靠说和罚都是不能够解决问题的，应该从生活中的小事上培养孩子认真细致的习惯，且褒贬分明。比如，让孩子做一些力所能及的家务，做的好给予鼓励或奖励，做的不好就令其重来直至做好。总之，一定要让孩子对责任心产生明确的认识，从而养成一个负责任的好习惯。

### 2. 不要吝啬对孩子的表扬

当孩子在生活或学习上取得进步时，家长一定不要吝啬自己的表扬，也可给予适当的奖励，以促使孩子做事更加努力认真。另外，在批评孩子时也要注意方法，首先应该分析孩子未能完成好是真的因为马虎还是能力不足，倘若的确是因为马虎也不要急于发怒责备，而是要耐心地向孩子讲明这样做事有可能引发的不良后果。

### 3. 给予孩子适当的自主选择权

孩子虽然年龄还比较小，但也应有一定程度的自主选择权，比如家长在培养孩子的特长时，就不宜强加自己的意志，让孩子自己选择，孩子才能从发自内心地认真对待。

# ▲ □ 细节11：改变孩子懒惰的不良习惯

跳跳今年5岁了，却一点也不爱跳。总是窝在家里，坐在泡沫垫上默默地玩，让他出去玩会儿，他嫌累，就是不动一下。

晚上吃饭的时候，妈妈喊跳跳："跳跳，出来吃饭了。"

跳跳正在自己房间里玩，看了眼坐在饭厅里的爸爸妈妈，摇着头说道："我不出去，那么远，太累了，妈妈给我端过来吧。"

"你这孩子，怎么这么懒，快点出来。"爸爸妈妈坚决不答应他的要求，跳跳最后实在是太饿了，只好撅着嘴走过了去，看着一桌的饭菜，跳跳对妈妈说："妈妈，我要吃肉，你帮我夹，啊⋯⋯"

"自己夹！"妈妈没理他，他又看向爸爸，爸爸想了想，问他："为什么要让爸爸妈妈喂你？"

"爸爸不觉得，我想吃什么，什么就跑到嘴里，是件很棒的事情吗？"跳跳回答。

爸爸愣了一下，然后问："那你不想洗脸，不想刷牙，不想出去玩，也是因为懒，不想自己亲自动手的原因吗？"

"当然！"跳跳洋洋得意地说道："就像是请了一个贴身保姆一样，自己想怎么样就有人马上按照你的想法来做，多好啊。"

越来越多的家长在抱怨，孩子小小年纪就开始学会懒惰，不少孩子更是经常窝在家里看动画片，哪儿都不想去，对其他游戏也不怎么感兴趣，显得很懒惰的样子。其实，懒惰不只是孩子的天性，而且是人的天性，现今每家只有一个孩子，都不舍得打，所以要想改其懒惰的毛病，只能循循善诱，不可动武。切记，好孩子不是打出来的。比如家长可以让孩子自己制定学习计划，只要一天完成定量的学习任务，就给他奖励，让他尝到甜头，日久天长，他就会变得勤快了。还有，可以利用假期，让他干一些力所能及的家务活，给他锻炼的机会。

首先，家长要以身作则，从日常生活中去影响孩子。习惯的养成跟家庭教育有很大的关系。习惯对人的生活、学习以至事业上的成就都至关重要。人的早期可塑性很大，是习惯养成的关键时期。这一时期容易养成好习惯，也容易养成不良习惯，但即使有了不良习惯，纠正起来也比较容易，如果养成不良习惯等长大了再想改掉就难了。所以，还是需要培养孩子良好的生活习惯、思维习惯和学习习惯。

其次，跟孩子讲的道理应合情合理，也不能过分苛求孩子。大人的要求过分苛刻，孩子是办不到的。比如生活中有的父母自己喜欢吃零食，却对孩子大讲吃零食的坏处，如此，孩子是不会听从的。要给孩子申辩的机会。跟孩子说理时，孩子可能会对自己的言行进行辩解，大人应给予孩子申辩的机会。应该明白，申辩并非强词夺理，而是让孩子把事情讲清楚讲明白，给孩子申辩的机会，孩子才会更加理解你所讲的道理，使教育收到良好的效果。建议家长每天从自我做起，给孩子一个榜样，然后引导孩子去慢慢改变不良习惯，不能任孩子的习惯发展下去。

## ▲ 细节 12：如何让孩子做事爽快起来

今天是曼曼去幼儿园上学的第一天，爸爸妈妈从一大早就开始帮她收拾上学用具了，曼曼却一点也不紧张，依旧像平时那像，缓慢地进行着一切。

"曼曼，还没起床吗？"妈妈做好早饭后来叫曼曼，却发现她还窝在被窝里，一动不动。

"今天可是你第一天上学，老师不会喜欢迟到的小朋友的，难道你想让老师讨厌你？"

曼曼一听，赶紧从被窝里爬了起来，拿起床边的衣服准备穿。

妈妈高兴地拍拍她的头，说道："这才是乖孩子嘛，快点穿好衣服洗脸吃饭，妈妈去帮你盛。"

"好的。"曼曼点头答应了下来。

十分钟过去了，妈妈还没见曼曼从房间里走出来，以为她出了什么事情，赶紧跑进房间去看，结果发现，曼曼用了 10 分钟的时间，竟然只穿好了一条裤子，她身边放着一本图画书，她正一边看，一边往头上套衣服。

"曼曼！"妈妈连忙跑过去，把图画书收起来放到了桌子上，并对她说："你怎么这么磨蹭啊，再不快点，就要迟到了。"

在妈妈的帮助下，曼曼总算穿戴一新，跑进了洗手间洗脸刷牙。

妈妈本来不放心她自己进去，怕她犯了磨蹭的毛病，可曼曼说："保证不会磨蹭了。"妈妈这才放心的让她进去进去了，可五分钟后，妈妈还没听到洗手间传出流水的声音，开始着急了。

"曼曼，你在做什么？"妈妈推门进去，见曼曼正坐在坐便器上发呆，她急的都快上火了。

"你再这样，今天可真的要迟到了。"妈妈气呼呼地说道。

曼曼赶紧提起裤子，跑到洗手台旁说道："马上就好，妈妈不要急。"

"怎么能不急呢？再不急，妈妈上班也要迟到了。哎……"妈妈边叹气，边走到她身边，迅速地帮她洗好手脸，看着她刷好牙，这才放心的回到了饭桌旁。

可她左等右等，都不见曼曼从洗手间里走出来，妈妈又急了，冲着洗手间的门问道："曼曼，怎么还不出来？"

"等一下，我在擦脸。"曼曼回答。

"擦脸？"妈妈好奇的又回到洗手间，当看到女儿小心翼翼的用毛巾擦过脸上的每一个部位时，有些哭笑不得。

女儿这磨蹭的毛病，是不是越来越厉害了？

故事中曼曼的磨蹭并不罕见，现实中的许多孩子亦是如此。出现这种状况，一方面是因为孩子的年龄还比较小，不仅身体处在发育期，感知觉和动作也处在发展和完善期，所以会出现肢体、语言、动作等反应慢的情况。这时，家长就不应该以成年人的标准来衡量孩子，然后无休止地催促甚至责备，而是耐心等待，并且循序渐进地帮助孩子改正。另一方面，在孩子的世界里，时间的概念还是比较模糊的，他们尚未体会到尽快完成事情带来的好处，也没有了解动作磨蹭的坏处，因此没有时间紧迫感，做事自然比较爱磨蹭。对于孩子的这种习惯，家长可以采取如下建议。

### 1. 用兴趣来引导孩子

人们都是对自己喜欢的事情抱以比较高的热情，孩子更是如此，所以家长可以用兴趣来引导孩子，而非不见成效地催促和发脾气。比如，今天要去一个他期待已久的地方，他可以用超过家长的速度穿戴整齐然后催促家长，但若是要他去做不喜欢的事情，他就会慢慢吞吞，甚至可能家长反复催促也不见孩子加快多少速度。

### 2. 让孩子和自己比赛

父母可以通过最直观的方式刺激孩子，比如和孩子一起设计一张"比赛"成绩表，然后选一件简单容易的事情让孩子做，记下最初所用的时间，并且逐日记录当天完成的时间。孩子取得进步时，家长就以奖励的方式唤起孩子对继续进步的渴望。当家长认为这件事情已经达到合适时间后，再换一件稍有难度的事情让孩子做，如此循环往复，直到孩子摆脱动作慢的习惯，做事干脆利落。另外，在"比赛"期间，家长应该向孩子讲明这样做的益处。

**3. 让孩子有"盼头"**

与其告诉孩子尽快完成事情的好处不如让孩子亲身体会，没有间歇地训练孩子非但不能达到目的，反而会让孩子失去加快速度的动力。孩子会觉得快与慢没有分别，所以父母可以在孩子完成安排的任务后，将节约出来的时间还给孩子，让孩子亲身体会到尽快完成事情的好处，以后也就自然而然地改掉坏习惯。

# 细节 13：及时阻止孩子小偷小摸的不良习惯

妈妈最近发现自己总是莫名其妙的"丢"钱，明明钱包就在家里好好放着，可回头一看，就会发现里面不是少了五块钱，就是丢了十块钱。这是怎么回事呢？难道家里进贼了？可如果有贼的话，为什么不把钱全偷走，而是只拿一部分呢？妈妈想了好长时间都想不明白这到底是怎么一回事，直到有一天，妈妈发现自己的儿子像贼一样偷偷跑进了她的房间，没一会儿又悄悄出去后，才有了眉目。

"不会是儿子拿的吧？"虽然妈妈大概了解是怎么一回事了，但她还是不敢相信自己的儿子会做出小偷一样的行径。

为此，妈妈特意安排了一场"局"，想看看到底自己钱包里的钱是不是儿子拿的。

周末的一天，妈妈随手把钱包放在了饭桌上，然后假装去洗手间，悄悄躲在了洗手间的门后，从门缝里，观察着饭厅里的动静。

十几分钟过去了，饭厅没有任何动静，妈妈正想说是自己搞错了，误会了儿子时，儿子房间的门发出了轻轻的吱呀声。

不一会儿，妈妈就看见儿子探头探脑的出现在了饭厅，像小偷一样，轻手轻脚的来到了饭桌前，东瞧瞧，西看看，确定没人后，迅速的拿起了桌上妈妈放下的钱包，从里面抽出了两张五块钱的纸币。之后，把钱包放回原处后，儿子迅速地跑回了房间。

吃晚饭的时候，妈妈装作没发生任何事情一样，随口说道："最近真是很奇怪啊，放在钱包里的钱，总是会过两天少一点，过两天少一点，难道是我不注意多花了？"

"是不是你记错了？"爸爸笑道。

妈妈一边皱眉头，一边看向对面的儿子，只见他先是惊慌了一下，在听到爸爸的话后，赶紧附和道："肯定是妈妈你记错了。"

"是吗？那可能是记错了，最近妈妈的记性是不太好。"妈妈说完，就见儿子像是松了口气一样，大口地吃起饭来。

"儿子，今天吃饭之前，你来饭厅了吧？"妈妈放下碗筷，轻声问。

"啊？"儿子吓了一跳，连忙摇头。

妈妈继续问道："好像动了一下妈妈的钱包？"

"没，没有啊。"

"没有吗？那咱们家还有其他孩子吗？"

"不知道……"

"妈妈都看见了，你还敢撒谎？太气人了，小小年纪竟然学会偷钱了，在家偷钱，出去是不是也偷别人东西了？今天妈妈一定要好好管教管教你！叫你再偷东西！"妈妈生气地拍着桌子，对儿子真是失望透了。

大家都知道，儿童的小偷小摸行为很是常见，尤其发生在儿童5～10岁时，但随着年龄的增长，这种现象会逐渐消失。专家认为，儿童之所以出现这样的现象，是因为他们还没有足够的意志力控制自己的行为。尽管如此，当孩子出现小偷小摸的行为时，家长也不应置之不理。但教育方式，不宜效仿故事中的妈妈。

时下，独生子女家庭越来越多，且生活条件比从前优越，但物质水平提高的同时人们的欲望也在膨胀，孩子在父母的宠爱下更是如此。比如，他们不满足于数量已经很多的玩具，追求更多、更时尚的，如果家长不给予满足，类似故事中儿子的行径也就随之而生了。这种行为是必须及时纠正的，长此下去，后果将不堪设想。成年后可能会出现一系列人格偏差问题，小偷小摸也可能会演变成违法乱纪等行为。

### 1. 寻根溯源

对于孩子的偷窃行为，许多家长会大发雷霆，痛打孩子或者当众数落，殊不知这样不但解决不了问题，还有可能让孩子自暴自弃，更喜欢偷窃。所以，当家长发现孩子有这种行为时，应该冷静对待，先找出诱因，再因势利导，有针对性地给孩子分析问题，才能更好地让孩子认识到自己的错误，从而改正。

**2. 恰如其分地批评教育**

家长了解孩子偷窃的真正原因后，应根据实际情况进行有技巧性地批评教育，比如，坚持正面教育。家长应该向孩子讲明这种行为的坏处，告诉孩子这种行为会引发的后果。如果孩子偷的是别人的东西，还应让孩子把偷来的东西物归原主，并且诚挚道歉。另外，在孩子认识到错误以后也应暗中观察一段时间，一旦发现迹象要及时提醒；但若孩子完全改掉了小偷小摸的习惯，家长切忌再提此事。

# ◢ 细节 14： 如何教育孩子不说脏话

晶晶今年五岁了，不知道从什么时候开始，她学会了说脏话，经常把"屁"、"放屁"等词挂在嘴边，和人吵架时会说："你放屁！"爸爸妈妈纠正了几回，效果都不大。

今天，晶晶在和小朋友玩耍的时候吵了起来，晶晶要先玩积木，小伙伴想先玩过家家，于是两个人吵得不可开交。后来，晶晶急了，张口就说："屁！我说玩什么就玩什么，你不要再给我放屁了。"

小伙伴被骂后，傻傻的愣了一会儿，"哇"的一声哭了出来。

妈妈走过来，对晶晶说："你为什么要骂人呢？看小伙伴都被你骂哭了。"

晶晶歪着小脑袋说道："我没骂她啊。"

"那你说'屁'什么的，不是骂人吗？"妈妈问。

"我只是觉得很好玩啊。屁！"晶晶笑着又骂了一句。

妈妈连忙对她说："这个词不好听，我们以后不要再说这个词了，好不好？"

"放屁！屁！"可惜晶晶就像没听到一样，依旧屁来屁去的，玩得不亦乐乎。

后来听晶晶说得多了，妈妈也就觉得没什么了，反正是无伤大雅的话，又不是真骂人，妈妈认为可能是晶晶还小，等长大了明白了这句话的意思，应该就不会说了。所以，后来她渐渐的也就不再纠正晶晶说脏话的毛病了。

可时间不长，妈妈发现晶晶说脏话的毛病竟然升级了，而且这次是真的在骂人了。

周末在家看电视的时候，播放的电视剧里，正好有个坏蛋在做坏事，晶晶张口就来了句："王八蛋，垃圾东西！"

妈妈吓了一跳，扭头问道："晶晶说什么？"

晶晶指着电视上那个人说："我在说这个人真他妈的是混蛋，怎么能做出这种事情来呢，混蛋！"

"晶晶为什么骂人？"妈妈不可思议的看向女儿，不明白她现在怎么变成这样了，张口就骂人的小太妹吗？

"这种混蛋，就欠骂。王八蛋！"晶晶却没感受到妈妈的异样，依旧指着电视愤愤不平。

"晶晶……"妈妈捂着嘴，不知道该对她说什么了。

父母最初从孩子口中听见脏话时，会错愕、愤怒，会纠正。然而当孩子口中的脏话越来越频繁且越来越不堪时，大多数父母就都会像故事中的妈妈一样不知所措。我们都知道，习惯一旦形成，再克服就是需要一定过程的了，所以父母不应抱有侥幸心理，觉得孩子长大以后就会明白，必须及时纠正。

家长可能发现，孩子会有某段时期格外喜欢说脏话，这就是专家口中脏话敏感期。但如果不及时制止，孩子就会养成习惯。所以，当孩子有说脏话的现象时，父母可以鼓励孩子通过努力改掉这种不良习惯。

### 1. 向孩子讲明说脏话的坏处

家长应该告诉孩子，说脏话是一种不良行为，是对别人的不尊重，甚至侮辱。还有，应当向孩子强调，说脏话是不应该被当做好玩的事情的，它会引起别人的反感，会让自己显得粗鲁，从而被别人疏远。总之，一定要让孩子了解到说脏话的坏处。

### 2. 帮助孩子找到替代词语

家长应当利用语言的灵活性，用一些文明又能表达强烈情绪的词语替代孩子口中常说的脏话，而处在对外界好奇阶段的孩子一定会非常愿意学习那些新鲜词语的。

### 3. 用区别强化法解决问题

假如孩子的不良习惯已经养成，父母不应急于求成，可以采取区别强化法，规定孩子每天说的脏话不能超过多少句，如果孩子做到了就给予奖，一段时间后再减少规定出现的频率，直至孩子的不良习惯消失。

## 细节15： 让孩子明白撒谎是可耻的行为

莹莹今年刚上小学一年级，可她特别讨厌去上学，想多和妈妈呆在一起，于是周一的早上，莹莹搂着妈妈的脖子问妈妈："妈妈，我今天不想去上学，你能不能也不要上班，在家里陪我玩呢？"

"这可不行，学生就是要去上学的，而妈妈如果不去上班，怎么挣钱给你买好吃的呢？"妈妈摇头拒绝了她的要求，莹莹不高兴地撅起了嘴，但还是听了妈妈的话，背起书包去上学了。

上午10点，正在工作的莹莹妈突然接到学校的电话，说是莹莹在学校突然晕倒，已经送进了医院。

莹莹妈心急火燎的赶到医院的时候，莹莹已经清醒了，医生检查过后，说莹莹没问题，便让莹莹妈带着她回家了。

回家的路上，莹莹很高兴地抱着妈妈的脖子，撒娇道："妈妈，今天终于能和妈妈一起在家里玩了。"

妈妈连连点头，并买了莹莹最爱吃的炸鸡块带回了家。

在家里，妈妈看着活泼爱动的女儿，心里突然产生一个想法：会不会是女儿撒谎故意骗了大人们，说自己生病了呢？

虽然有这种可能性，但妈妈还是觉得女儿不会做出这种事情来，便笑着摇了摇头，陪女儿玩了起来。

后来，又发生了几次类似的事情，莹莹妈才确定，女儿真的是说谎骗了大家。可女儿为什么突然变得爱说谎了呢？她实在是想不明白这其中的原因。

当家长发现孩子撒谎时会觉得难过，不过，从发育角度看，孩子有时撒谎或编造故事是很正常的。孩子撒谎有很多方面的，可能是看到大人撒谎，然后跟着学，这种时候大人根本就不会意识到是自己的问题的。还有可能就是大人太严厉了，不是打就是骂，而且孩子即使没有说谎你也逼着他问他是不是说谎了，久而久之孩子索性撒谎了，反正没人相信。有时候家长跟孩子在玩的时候喜欢说闹，你骗我啊。孩子一听还当是好玩的，时间长了也就变成习惯了，不能动不动就跟孩子说骗啊说谎啊。因此，想要孩子改掉撒谎的毛病首先要大人以身作则，不要老是在生活中给孩子负面的榜样。

### 1. 家长以身作则

家长不要在小孩子的面前说谎。孩子耳濡目染，都会效仿的。家长还可以讲诚实的故事给孩子听，如华盛顿砍樱桃树的故事，诚实的列宁等，拿故事中的人物去做他的榜样。还应给孩子讲一些撒谎者最终自食其果、下场可悲的故事，如"狼来了"等。

### 2. 正面激励为主

应奖赏孩子的真话，即使孩子犯了错误，只要说了真话，就应肯定他的做人之道，并引导他不断地完善自己。不用打骂、惩罚、斥责等消极方式对待孩子，避免孩子以谎言来应付成人，以保护自己。

### 3. 杜绝习惯性说谎

如果孩子在毫无压力的情况下依然说谎，家长就要引导他明白道理，让他今后不再说谎。如果即使这样做了，孩子还经常说谎，那就有必要明确地给他讲"说谎不对"的道理了。一定要帮助孩子清楚地区分可以做的和不可以做的事。

# 细节16：当孩子"破坏"物品时家长怎么办

爷爷有一个收音机，每天都当宝贝一样带在身边，走到哪，听到哪。宝贝孙子小海对这个能发出声音却不像电视有图像的小匣子充满了好奇，他总是问爷爷："爷爷，这里面也住着主持人吗？怎么看不到人，却能听到说话呢？"

爷爷总是笑呵呵地回答道："对啊，里面住着很多精灵，打开收音机，它们就会陪我唱歌、说话啊。"

"真的？"小海两眼发光，见爷爷点头，暗暗下了一个决定。

一个午后，爷爷午休醒来之后发现自己放在床头的收音机没有了，他以为不小心掉到了床底下，便趴下来，费了老大的劲在床底下翻找，最后连个收音机的影儿都没找着。

"难道是弄丢了？可我明明记得睡觉之前放在枕头旁边了啊?!"爷爷满心疑惑，刚坐到椅子上想要想一想，小海鼓着腮，气呼呼的推门跑了进来。

"爷爷骗人！"小海进门就埋怨起爷爷。

爷爷一头雾水，便问："小海怎么了？爷爷什么时候骗你了？"

"你看！里面根本没有小精灵！"小海嘴撅得更高了，伸出手把捧着的一堆东西递到爷爷面前。爷爷一看，心疼坏了。

"我的宝贝啊……"

原来，小海趁爷爷睡觉的时候，把收音机给拆了，现在小海手里捧着的，就是收音机的"残骸"。

爷爷看着这一堆损坏的零件，欲哭无泪。

正好这个时候，妈妈端着水果走了进来，看到儿子的"杰作"后，吓了一跳。

"儿子，你怎么又胡闹了！"妈妈训斥道。

没想到小海撅着嘴，同样对妈妈说："妈妈也是骗子。"

"啊？妈妈什么时候骗过你。"

"妈妈说你的书包里长了骨头，所以才会比我的书包硬，可我已经确认过了，根本没有骨头！"

"天啊！"妈妈突然有种不好的预感，来不及把手里的水果盘放下，就一溜小跑，冲进了儿子的房间。

果然，在儿子房间的地板上，躺着各种各样的"尸体"，而其中之一，就是她才买没两天的新皮包。

妈妈气得手直发抖，找到儿子后，二话不说，就朝他的屁股，狠狠拍了下去。

专家认为，孩子对家里东西的拆卸不是一种恶意破坏行为，而是一种探索学习的表现。因此，家长针对孩子的这种行为不应过分苛责。比如，故事中的小海拆卸了爷爷心爱的收音机和妈妈的新皮包，他只是想要知道收音机中究竟有没有住着爷爷说的精灵、妈妈的皮包究竟是不是因为长了骨头才比他的书包硬。对此，妈妈应冷静地判断孩子这种行为所传达出的需求，然后采取相应措施，而不是狠狠地责打小海。

经过分析后，如果孩子只是单纯地探索周围世界，家长可以给孩子买一些可拆卸的玩具，以此满足孩子的好奇心。另外，也有一些孩子进行破坏行为是想引起家长的注意。此时，家长首先应该思考有没有因为忙于工作等事情而忽略了孩子，如果是，需要及时调整自己的生活；如果不是，那么就是孩子以家长的反应为乐趣，家长装作若无其事就好，事后再找适当的机会进行教育。

### 1. 给孩子买可拆卸的玩具

对外界好奇是孩子的天性，因此，当孩子拆卸家中物品时，家长需要冷静对待，可以给孩子买一些可拆卸的玩具替代原来的玩具，这样既满足了孩子的求知欲，又可以防止孩子对家中的物品进行"破坏"。

### 2. 告诉孩子要爱护物品

家长在给孩子玩具时，应当以孩子能接受的方式告诉孩子怎样爱护玩具，让孩子知道拆卸的后果，比如，把玩具汽车弄疼了它就会逃跑再不回来了等。

### 3. 让坏事变成好事

孩子喜欢沉浸在自己喜欢的事物里，所谓的"破坏"只是孩子想更加细致地了解那件东西而已，所以家长不要动怒训诫孩子，应该鼓励孩子将自己拆卸的东西复原，这样可以开发孩子的想象力和动手能力。爱迪生在孩提时代不也是众人眼中的"破坏王"吗？所以家长要耐心地对待孩子的这些行为。

## ▲ 细节17：如何让孩子不再做事半途而废

成成的爸爸爱做木工活，每到周末的时候，他都会找来一些薄厚不一的木材，拿着小锯子锯来锯去，有时候半天工夫就能做出两三个小板凳来。成成总是很崇拜地在旁边看着爸爸以及他的作品，自己也有做出点东西来的冲动。

"爸爸，我也能做个小凳子吗？"这个周末，成成终于心痒痒得忍不住了，爸爸刚把小木板们搬到院子里，他就跑了过来，很认真地恳求道，"我保证会做的比爸爸还好，爸爸就教教我吧。"

"教你没问题，但你中途嫌累怎么办？我可不允许别人浪费我的宝贝木材。"爸爸煞有其事地说道。

成成想了想，马上举起右手，像宣誓一样对爸爸说："我保证完成任务，绝不半途而废。"

"你的保证，爸爸能相信吗？万一又像在奶奶家一样……"爸爸拉着长音说道。

原来，成成在奶奶家住过一段时间后，做事情不仅拖拉，还总是不认真负责，责任感一点也不强烈。为此，爸爸妈妈愁坏了，害怕成成空有智商，却无情商，怕他以后步入社会也习惯于做事半途而废。

事实上，爸爸早就知道成成很崇拜他的"手艺"，想亲自动手做些什么东西。但爸爸从没提出过教他做东西，目的就是想让他提起兴趣并主动要求。这样，爸爸就有办法根据他的兴趣，慢慢纠正他做事半途而废的毛病了。

"我……我要是做不完，我今天就不吃饭！"成成见爸爸为难他，便发下了"重誓"。要知道，成成可是最喜欢妈妈做的饭菜，让他不吃饭，是对他最大的惩罚了。

爸爸见目的达成，也就不再继续为难他，挥挥手让他坐在自己身边，铁锯之类的东西暂时不能让他碰。爸爸先拿出几块裁好的木板和磨砂纸，让成成把边缘打磨平整，再慢慢教他如何把几块木板拼合在一起，组装成板凳。

就这样，一整天的时间里，成成虽然偷了几回懒，但最终还是坚持着把爸爸教给他的任务完成了。

做事善于坚持到底的孩子，其获得成功的机会往往要比其他孩子多，那些做什么事都半途而废，碰到一点点困难就轻言放弃的孩子，很可能会在人生的道路上遇到更多艰难险阻。

所以，从小培养孩子成为做事坚持到底的人，这是家长们不可推卸的责任。具体而言，家长可以选择以下方法让孩子学会坚持：

### 1. 孩子遇到困难要多鼓励，不要急于替他解决难题

平时生活中，家长要求孩子做某事时，应该多给予其支持和鼓励。而当孩子遇到一些挫折或难题，家长不应立即去替孩子解决难题，而是应该尽量鼓励孩子再想想其他办法，让他多尝试几次。若家长在任何事情上都给予孩子过多帮助，甚至对他的事大包大揽，那么久而久之，孩子就会产生很强的依赖性，遇到任何困难都会想着找家长来解决，而不是自己继续坚持下去。

### 2. 要注意帮孩子排除干扰，营造良好的成长环境

很多时候，孩子不能坚持做完某件事，并不是因为他中途遇到了困难，而是受到周围其他事物的干扰，这使他无法静下心来继续完成任务。

所以，当孩子在做某事时，家长应注意帮他排除有关的干扰，如孩子写作业时，家长应尽量少走动，避免大吵大闹或将电视声音开得很大，以免分散孩子的注意力。

### 3. 引导孩子做事时看重过程而不是结果

对孩子而言，做一件事的过程要重于其结果，因为在这个过程中，孩子要不断思考问题、分析问题，要独自面对其中的一些难题，要通过自己的努力去解决这些难题。这一系列过程，正是培养孩子坚持性的关键，倘若家长教育孩子重结果而轻过程，那就很难保证孩子不会单纯为"完任务"而消极敷衍、草草了事，甚至找人代工。

# 第三章

## 改变孩子不良性格行为的13种方式

有的孩子做事分心，有的孩子有些自卑，还有的孩子急性子……不同的孩子有不同的性格，也有了各不相同的不良行为，那么，该如何消除孩子性格中不良的一面，让其能有良好的行为方式呢，就请看本章内容吧！

## △ 细节 18：怎样教孩子专心做事

在人生的道路上，一个人做事越专注、不易分心，成功的可能性就越大。正如爱默生所言，全心贯注于你所期望的事物上，必有收获。

对孩子而言，从小专心完成每一件小事，长大后他才有可能全身心地投入到自己的事业中，才不容易因受周围其他事物的干扰而分心。可现实生活中，许多调皮小孩们的行为往往让家长很头痛，很多家长都会抱怨：孩子很聪明，就是做起事来一点都不专心；我家孩子太容易分心了，手里拿着书，眼睛却盯着窗户外面正在做游戏的小朋友，还不知道心里在想什么等等。

其实，孩子的自制能力比较差，做事容易分心，这是难免的。但作为家长，为了养成孩子良好的行为习惯，就不得不及早注意纠正他做事易分心、注意力不集中的坏毛病。否则，孩子整天漫不经心，他在未来的学习、工作和生活中会遇到更多挫折。

那么，对于做事容易分心的孩子，家长应如何帮他纠正这种不良行为呢？

### 1. 让孩子在规定时间内完成某一件事

做事容易分心的孩子，其时间观念往往也比较差，不懂得合理利用每一分每一秒。所以，要让孩子专心做好某件事，家长应该增强其时间观念，让他意识到自己可利用的时间并不多，每一分钟都不能被浪费。

具体来说，家长要求孩子做某事时，可以事先规定他完成这件事可利用的时间，并用小闹钟提醒他。而且，家长还要告诉孩子，如果在规定时间内没有做好此事，他将承担什么样的后果。

一般来说，家长每次最好让孩子只想或做一件事，不能给他太多任务。否则，孩子做这一件事时心里惦记着另外一件或很多件事，最后什么都做不好。

### 2. 给孩子一定的自由娱乐时间

爱玩是孩子的天性，当他"娱乐"的需求没有得到满足时，做其他事就很难专心致志。所以，作为家长，在要求孩子努力学习或认真做好其他事之余，还应帮孩子恰当安排娱乐时间，每天、每星期都要给他一些自由玩乐的机会，比如告诉他每天晚上可以看一个小时的动画片、每周末可以和同学出去玩半天等。

### 3. 帮孩子排除室内外的一些干扰因素

孩子做事容易分心，很多情况下是因为受到周围环境的影响。比如，孩子做作业时，家里电视、音响的声音很大，或有很多人在家里吵闹，那么他就会受到较大干扰，注意力无法集中，思绪会被打断。

所以，孩子学习或做其他事情时，家长应注意帮他排除周围的一些干扰因素，要为他营造一个比较安静的氛围。

此外，孩子的身体状况，有时也会影响他的一些行为，比如睡眠不好时，他做事的效率会比较低。所以，在帮孩子排除周围环境中的干扰因素的同时，家长还应帮助孩子将其身体状况调整到最佳状态，如督促他多进行体育锻炼、规律作息等，以免他因身体不适而无法专心做事。

## 细节 19： 如何帮助孩子战胜自卑心理

儿子刚刚上小学，一开始听说要去小学读书，儿子很开心，提前一周就开始做上学的准备了。可妈妈却发现，刚上学没几天的儿子，最后有些愁眉苦脸的，问他是怎么了，他却摇摇头，什么也不肯说，直到有一天，儿子拿着一次小测验的成绩单回到家，他很小声的问妈妈："妈妈，我是不是很笨啊。"

妈妈感到很诧异，便问："怎么会这么问呢？难道是没考好吗？"

"嗯。"儿子点点头。

妈妈本来还想安慰安慰儿子，可当打开成绩单后，眼都快看傻了。她一认为，儿子虽然不是很聪明，但也绝对不笨，怎么说，在同龄小朋友当中，成绩也算是中上游，怎么会考了个不及格就回来了？

"为什么会考成这样？"考题是儿子最喜欢的数学题，没道理会做错这么多啊？妈妈直觉认为，是儿子上小学后变得贪玩了，上课肯定没好好听讲。

想到这，她忘记了儿子一开始的问题，一脸严肃的开始教育起儿子来，还发下狠话，对儿子说："你下次要是还考成这样，妈妈会把你的情况告诉爸爸，到时候挨打了妈妈可不管。"

儿子张张嘴，欲言又止，妈妈瞅见了，还以为他要狡辩，连忙又说："别说是妈妈搞错了。妈妈回来的时候，正好遇到你一位同学，他都考得很好，你幼儿园的时候不是比他学习要好吗？为什么现在人家都能考好，你就不能！肯定是没认真学习。"

面对妈妈的训斥，儿子决定不再为自己争辩，低着头走进了自己房间。

从那以后，又有几次测验儿子的成绩还是很不理想，爸爸妈妈又急又发愁，和儿子说话的时候，语气越来越差，到后来，爸爸妈妈发现，儿子越来越没有自信，更害怕站在人前说话，就好像自卑了一样。

妈妈觉得这件事情不能再拖了，便去学校找老师。谈话的过程中，妈妈了解到，儿子所在的班是尖子班，大部分孩子从小就开始接受各种各样的培训和教育，起点比其他孩子要高一些，所以老师上课的时候为了照顾大部分同学，课讲的比较深，对儿子来说，可能理解起来稍难了一些。

妈妈这才知道自己冤枉了儿子。而现在，班里的学习气氛给儿子的压力很大，使儿子越来越觉得，自己技不如人，低人一等。而爸爸妈妈不问原因的指责，使他深受打击，这才让他变得自卑了起来。

这一类的孩子经常会觉得自己在某些方面或各个方面都不如别人，经常会拿自己短处与别人的长处相比，具体体现在遇事不相信自己的能力。如果一个孩子长期被自卑心理所笼罩，其身心发展及交往能力将受到严重的束缚，聪明才智也得不到正常的发挥。

还有些孩子从小发育迟缓，在学习和做事很少得到家长和老师的赞扬，也会导致孩子出现自卑的心理。如果一个孩子很少体会到成功的喜悦，并且在成长过程中很少受到表扬，这样他的自信心就会受到压抑，自卑心理就会日趋严重。

### 1. 让孩子发挥自己的长处

每一个孩子都有自己的长处和优势，同时也有自己的短处和劣势。如果用其所短，而舍其所长，就连天才也会丧失信心，自暴自弃；相反，一个人若能扬长避短，强化自己的长处，就是有残疾的人也能充满信心，享受成功的快乐。因此，消除孩子的自卑心理，要善于发现他们的长处和优势，并为他们提供发挥长处的机会和条件，这也是帮助孩子克服自卑心理的关键。

### 2. 多鼓励孩子

当孩子做错事的时候不要过于批评孩子，当孩子做得好的时候，要都表扬他，并说孩子一定可以做得更好。

### 3. 让孩子帮自己做事

要多鼓励孩子自己做事，比如帮你拿个东西或帮忙摘菜，做比较有成果的事做完后后大人要多加鼓励，鼓励的时候不可以一边做事一边跟他对话，感觉你不在乎他做的事一样。要放下手上的事情做那里述说刚做的事，让他了解自己也是很厉害的，会帮忙父母做事。

## ▲ 细节 20：让孩子变得活泼开朗起来

不管是孩子还是大人，都喜欢和活泼开朗的人做朋友，如果孩子不爱说话，他周围的伙伴也会受他影响，时间一长，就会心情烦闷，小伙伴们就不想再多与他接触。

王妞是一名初中女生，前两天学校进行了期中考试，考完后她就魂不守舍，总觉得自己考砸了，心情郁闷得吃不下饭，睡不好觉，害怕成绩单发下来。

有同学问她怎么了，她说："我肯定考砸了，有好几道大题我都是胡乱写的答案，万一成绩发下来，妈妈会骂死我的。"

同学拍拍她的肩膀，说道："你妈妈好像没那么凶吧，而且你的成绩不是一向挺好？偶尔一次阿姨不会生气啦。"

"你不懂的，就算我妈不生气，我也会生气，我真没用。"

"……"王妞的朋友吓了一跳，盯着她看了半天，突然摆摆手说有事，自己先跑走了。

而王妞还在那里郁闷，越想越消极。

一场考试而已，竟然在王妞的心中有这么大的份量，没考好就否定了自身的存在价值，是错误的想法。人生事十有八九不如意，孩子正在成长期，如果父母不对孩子进行正确的指导，那么孩子很可能就会像王妞一样，否定自我，陷入沮丧之中。

那么，父母该怎么做才能让孩子乐观向上的健康的成长呢？我们不妨一起来看看专家的意见。

### 1. 父母常笑孩子才乐观

都说父母是孩子的第一任老师，老师教得好，学生才能成材。气氛沉闷的家庭环境会带给孩子一些不良的影响，试想一下，在一个充满敌意，没有欢声笑语的家庭里，就算是大人也会心情郁闷，何况是孩子呢？所以，为孩子营造一个和谐有爱的家庭环境是让孩子健康成长的首要条件。

### 2. 多培养孩子的兴趣爱好

广泛的爱好能使孩子在受到打击或挫折时的消极情绪得到有效转移。当孩子遇到不顺心的事情时，父母可以和孩子一起做他喜欢的事情，比如画画、读书、看电视等，当注意力得到转移，孩子的不良情绪就会得到慢慢排解。

### 3. 勿管教太严，让孩子多交朋友

父母要多鼓励孩子和不同年龄段的人交谈、做朋友。尤其是当你的孩子情绪低落的时候，做父母的要让他多和性格开朗的伙伴相处，让对方的乐观心态逐渐感染孩子。孩子不开心，有很大一部分原因是因为孩子没有朋友的陪伴，感觉孤独无助。如果孩子能有几个相处融洽的知心好友，在孩子心情郁闷而父母又无暇顾及的时候陪在孩子身边，他们就会对孩子有很大的帮助。

## 细节 21：鼓励孩子和家长一起劳动

华铃今年已经10岁了，但一点也不会照顾自己，偶尔一次想自己洗次袜子，还把水盆打翻，不小心摔了一跤。从那以后，妈妈就禁止了华铃的一切劳动权利。

"妈妈，明天学校要去郊区种菜，你说我种点什么好呢？"这天一放学，华铃就高兴地跑到妈妈身边，抱着她的腰撒娇道。

妈妈一听，急了，忙问："能不能和老师说不去了？"

"为什么？同学们都说很好玩。"华铃撇着嘴脸上的笑容渐渐不见了，"你都不让我在家里干活，同学们知道我连自己的袜子也不会洗，笑了我好几天呢。这次我要是再不去，他们肯定又说我娇气了。"

"郊区路不好走，很容易摔倒的。而且种菜也挺麻烦，万一受伤了怎么办？种东西要施肥洒农药，真让人担心。"总之，妈妈的意思就是不想让女儿去受罪。

这时候，爸爸正好下班回来了，华铃委屈地跑过去，抱住爸爸的腿说道："爸爸，我想去种菜……"

"爸爸支持你！"了解了前因后果后，爸爸替她做了主。

妈妈想阻止，却听爸爸转过头来对她说："老婆，上次只是铃铃不小心才摔了自己，这次有老师和同伴们一起呢，你就让她去吧，多运动运动，不仅对她的身体有好处，对她的心灵发育也是很有益的。"

妈妈没办法，只好不甘心地答应了下来，当天晚上，为女儿准备了一大堆应急物品，吃的、喝的、用的，应有尽有，就怕拉下了什么东西，苦了女儿。

劳动是我国传统美德，热爱劳动的人性格更开朗，但现在的孩子大多是独生子女，被父母捧在手心里，护在心坎上，洗衣、打扫等家务活从来不愿意让孩子插手，怕孩子受伤、受累。孰不知，这样一来，孩子就无法体会到劳动的快乐，所以，作为父母，不应剥夺孩子劳动的权利，相反还应鼓励孩子多参加劳动。那么，父母到底该怎么做，才能让孩子体会到劳动的快乐呢？

### 1. 从小锻炼孩子的动手能力

当孩子能爬行的时候，动手欲望就会慢慢强烈起来，看到什么东西，都想亲手碰一碰、动一动，尤其是吃饭的时候，对食物的好奇和欲望会使孩子想亲自动手拿勺握筷。但父母总担心孩子把握不好，要么烫着自己，要么就是把饭菜洒得到处都是，很难收拾。所以父母在孩子小的时候，一般都不让孩子自己动手吃饭。

这样一来，父母总是又哄又劝的喂着孩子，会让他对父母产生强烈的依赖心理。日后自己能做的事就也不想亲手去做了，心里会想"反正爸爸妈妈会为我做好的。"。

其实，父母完全可以想开点，不要担心孩子会把饭送到鼻子里，正所谓熟能生巧，如果不能让孩子经常练习，何来的熟，何来的巧呢?! 而且，当孩子自己吃完一顿饭，亲手洗出一双袜子的时候，他内心的快乐和自豪是父母包办代替完全不能相比的。为了让孩子能更快乐的生活，父母还是尽早培养孩子的动手能力吧。

### 2. 根据孩子的兴趣安排劳动任务

有专家指出，动手能力强的孩子，大脑发育更发达，更能成为一个聪明的人。而且在做自己想做的事情时，孩子的动手能力则最强，更能感受到劳动的快乐和成就感。

所以，父母在培养孩子的动手能力时，可以根据孩子的兴趣安排工作。比如，孩子喜欢画画，那就安排他去收拾画具，整理画册等。在看到自己喜欢的事物时，人本能的就会感到愉悦，在这种情况下进行劳动，能起到事半功倍的效果。

另外，当孩子完全一项劳动任务时，父母不要吝啬自己的夸奖，大声的称赞孩子，将会使他更热爱劳动，这也是孩子在付出劳动后得到的最好的回报。

## ▲ 细节22：引导孩子用积极乐观的心态看事情

"我怎么什么也做不成呢？"

"我到底有什么用？"

"哎，今天又做错事了，到底该怎么办呢？"

"我真的有这么笨吗？连这点儿小事都办不好！"

11岁的小豆豆最近遇到了很多烦心事，不是丢三落四，就是把同学的水给撞翻了，还有一次，他在自己的座位上坐的好好的，也能撞到旁边的同学，害得同学把手里的泥塑像给摔碎了。

"妈妈，我怎么这么没用呢。"连番受到打击的小豆豆回到家就栽进了妈妈的怀里，一阵痛哭。

妈妈耐心地听完他的诉说，蹲下身拍着他的背安抚道："豆豆不哭，这是好事儿啊，有什么难过的。"

"这么倒霉也是好事吗？"豆豆抽泣着问。

"对啊。"妈妈和蔼地看着他，抚上他的头，笑着说道："你想想，福祸相依是说什么的？"

"幸福和祸事是挨着的。"这个词豆豆学过，很快就回答了出来。

妈妈点点头，说道："对啊，所以，坏事已经要结束了，接下来你要面对的，可就是一个个的好事情了。"

"真的吗？"

"当然。"

听了妈妈的话，小豆豆的情绪马上得到了好转，很希望这一天赶紧过去，好迎接明天即将到来的好事情。

健康成长的孩子应该是用乐观的眼光看待问题的，他们的眼睛始终盯着前方，不管遇到什么艰难险阻，哪怕一时半会解决不了，也不会颓废，让自己陷入困境，而是坚定的相信，只要自己能向前看，以后就一定可以解决问题，走出属于自己的精彩人生路。

父母教孩子向前看，并不是单纯的让孩子看向前方，好高骛远，而是包含了他们对孩子的爱和希望，希望孩子不被挫折打败，不走回头路。而生活中能做到向前看的孩子，一般都比较有主见，也更容易在未来获得成功。在家庭中，父母如何教孩子学会向前看呢？以下两种方式可供参考。

**1. 改变教育的方式和思维模式**

父母的教育方式和思维模式对孩子的影响力是不可低估的，如果父母的思想观念比较僵化，在孩子遇到挫折的时候，不能及时给予积极向上、向前看的正确建议，孩子在面对困难的时候，就没有了向前冲的动力和勇气了。

所以，父母在教育孩子的时候，可以尝试多种积极的教育方式，找到最合适孩子的方法，培养孩子一切向前看的人生态度。

**2. 教孩子学会积极的自我暗示**

法国卢梭曾说："除了肉体的，痛苦都是人想出来的"。由此可以看出，那些因为遇到困难就担心害怕、烦恼不已的孩子们，都是在自寻烦恼。父母作为成熟的大人，应该帮助其正确认识这些烦恼，用自我暗示的方法，增加孩子的自信心，和凡事向前看的积极心态。

## 细节 23： 孩子跌倒了，让他自己站起来

妈妈带6岁的儿子于清去公园玩，昨天刚下过雨，路有点滑，妈妈叮嘱道："儿子，别乱跑，小心滑倒！"

"我知道了，妈妈。"于清虽然点头答应了下来，但还是不顾妈妈的阻拦，一会儿跑到前面看看，一会儿又跑去后面拔草，总之是不让妈妈省心。

跑着跑着，于清一个不留神一脚踩进了一洼水坑里，脚下一滑，摔倒在地上，溅了一身的泥水，哇哇大哭起来。

"儿子！"妈妈赶紧跑过去，把宝贝儿子从地上抱了起来，搂在怀里心疼地哄劝道："宝贝不哭，摔到哪了？妈妈给你吹吹。"

儿子哭得说不出话来，只是慢慢把手掌伸了出来，妈妈一看，红了一块，可能是擦伤了，心疼地赶紧给他吹吹。

"都是这破地不好，来，咱们一起来踹它。"说着，妈妈咚咚踹了两下脚，用力的踩在地面上。于清这才破泣为笑，从妈妈的怀里挣脱出来，跳到地上也用力的踩了两脚。

我们常说，"天将降大任于斯人也，必先苦其心志，劳其筋骨，饿其体肤……"可见，人不吃苦，是干不成大事的。马克思也曾说过："人要学会走路，也得学会摔跤，而且只有经过摔跤，他才能学会走路。"可见，摔得起跤的孩子，才能真正学会走路。

但是在孩子的成长道路上，经常有父母阻碍孩子学习"走路"。见孩子一摔倒，就赶紧冲上去扶起来，不给他们自己站起来的机会。因此，专家建议，在孩子摔倒时，父母应鼓励他自己站起来，具体来说，有以下两个方法供参考。

**1. 让他接受"自己跌倒自己爬起"的思想**

如何培养孩子"跌倒了自己爬起来"的意识呢？生活中，父母可以多给孩子讲这类的坚强的故事，或者拿身边的事例教育他，让他明白不怕摔跟头，不怕痛苦是件光荣的事情。当孩子从内心接受这种思想时，再面对这类问题时，就不会再有畏难情绪了，更也不会把这当成多大的难事了。这样的孩子会更坚强，当他们长大成人步入社会后，更会拼出一片属于自己的灿烂天空。

**2. 当孩子跌倒时，鼓励他自己站起来**

事实上，每一个孩子在摔倒后，都有站起来的能力，只看父母有没有给他发挥这一能力的机会了。对于父母来说，更需要注意的是要能忍住疼惜孩子的心情，对他的磕磕碰碰表现出淡然的神色，鼓励他依靠自己的力量站起来。

# 细节 24： 改变孩子急躁的毛病

这一天，8 岁的男孩立立抱着一本童话书找到正在客厅商量事儿的爸爸和妈妈，拉拉妈妈的衣角说道："妈妈，你帮我读读这个故事吧"。

不过爸爸妈妈好像在说什么重要的事情，两个人显得都挺着急，谁也没有理立立。

"妈妈……"立立又去拉，妈妈甩手推开了他，看也没看他就说："别闹，爸爸妈妈正忙着呢。"

立立委屈地往后退了两步，爸爸看见后，对妈妈吼道："你自己脾气不好，干嘛对孩子发火，要发火，朝自己发去，每天急急躁躁的，没一件正经事。"

"你也没资格说我，你自己也是一样的，昨天是谁不让买衣柜就发脾气的？"妈妈瞪了他一眼，开始数落起来，"还有前天，看上一块手表，我说钱没带够，你马上就冲我发火，哼。"

爸爸一听妈妈这么数落他，顿时恼了，急躁脾气一下子就上来了，两个人一言不合，又吵了起来。立立站在一旁，看看这个，看看那个，吓的哇的一声哭了起来，还把童话书用力扔到了地上，坐在地上来回蹬着。

爸爸妈妈一见这情况，马上不吵了，纷纷来哄立立，要给他讲故事。

这样的情形又发生了几次后，爸爸妈妈发现，立立也受到了他们的影响，只要他的要求没有马上得到满足，他就开始哭闹，还总爱扔东西，脾气显得十分急躁。爸爸妈妈十分后悔，难道是自己平时的坏情绪"传染"给儿子了？

人们常说："看这父子（母女）俩，真像是一个模子里刻出来的"说的不但是孩子和家长之间外貌的相像，还有脾气性格的相似，让人一眼就能看出是一家子。这不但是因为他们都在同一个环境中生活，而且还在于孩子一直处于家长的性格影响范围内，自小接触到的最亲近的人是什么样的，孩子自然也会有样学样，把家长的优劣点都学了个遍。

故事中，在家长的影响下，立立出现了做事急躁、没有耐心的特点，在让其父母感到很郁闷：学大人的好处没有看出来，这坏处倒学了个透。解铃还须系铃人，要想改变孩子这种急性子的毛病，还需家长从自身做起，给孩子做个好榜样。

### 1. 家长以身作则，做事不急躁

父母是孩子的第一任老师，也是孩子最亲近的人，这点是任何学校的老师都无法代替的。因此，想让孩子有良好的品性，就要家长首先能以身作则，无论做什么事情都不能急躁，更不能因急躁而上火发脾气。即使有时偶尔出现这种情况时，家长也要及时和孩子说："爸爸这样做是不对的，不能学爸爸这点哦。"让孩子从心理上认识到，急脾气是不好的，不应该学。

### 2. 让孩子明白：很多事情不以自己的想法为转移

有时候，孩子产生急躁的原因是没有耐心，他希望自己想要的东西马上就能出现在眼前，希望自己想做的事情立刻就能做成，想法落空后产生的不良情绪，却没有意识到这个世界并不是围绕自己转的。对此，家长应及时告诉孩子这样的道理：任何事情都有自己的特点，无论是要什么东西，还是做什么事情，它们都有自己的时间性，我们强行要求也是不管用的。

### 3. 教孩子在做事前先检查一遍准备工作

孩子年龄小，本就是性子不稳重的时候，当他们打算做什么事情时，往往将其过程和难度想的过于简单，只记着做成后的好处与快乐，自然会表现出急不可耐的样子。但是，孩子越有这样的心理，越常常出错，以致愿望落空。受到这样的打击，则心里更为急躁。因此，家长可根据孩子的这个特点，教他这样一种方法：无论打算做什么事情，在做之前都要检查一遍准备工作，再思考下自己打算怎么做。久而久之，孩子就会养成准备周密、做事稳妥的性子。

## 细节25： 父母应及早帮助孩子树立自信心

遇见同样的情况时，自卑的孩子和自信的孩子表现是截然不同的，结果自然也大相迳庭。充满自信的孩子通常表现得勇敢大方，结果也比较理想；而自卑的孩子则十分胆怯、畏首畏尾，以致结果很差。

生活中，孩子的言行都可以表达出孩子的个性和心理，所以家长应该密切关注孩子的行为，当孩子有自卑迹象的时候要及时给予帮助。

其实，孩子的自信和自卑很大程度取决于周围人尤其家长对孩子的评价。如果家长对孩子要求过高，或者经常批评、否定孩子，孩子就非常容易产生自卑心理；相反，如果家长总是鼓励孩子、正确引导，孩子就会自信、乐观。

### 1. 肯定孩子的进步，正确引导孩子

家长应当密切关注孩子的行为，采取正确的方式对孩子进行引导。当发现孩子身上有积极的变化时，哪怕是非常微小的进步，家长也要及时给予孩子表扬，并鼓励孩子再接再厉。

另外，家长应尽可能坚持一两个月的时间每天都对孩子提出真正的表扬，并予以鼓励。切记无中生有或夸大其词，以防孩子变得盲目骄傲。

## 2. 从孩子的角度观察、决定事情，让孩子感到被尊重

孩子的任何一个举动，都可能是孩子主动探索未知世界的行为，家长不应站在自己的立场上要求孩子，而是应该经常从孩子的角度出发去支持、鼓励并帮助孩子，让孩子感觉到自己是受尊重的。上述事例中，如果小男孩的妈妈给予其积极的暗示，如"这布是很脏的，有气味，我想你一定不喜欢。你肯定想要一块干净的布，我们去找干净的布好不好"，那么小男孩或许会欣然接受妈妈的建议，同时还不会对她产生怨恨之心。

# 细节 26： 孩子的自立自强离不开正确的激励

心理学家曾说，有效的自我激励能够使人更充分地发挥出自己的能力，让自己的潜能得到充分施展。那么，一个善于自我激励的孩子，也就能使自己拥有良好的自我感觉，这种感觉会促使他不断向好的方向发展，最终在学习、生活中取得更多进步。

快要升初中的男孩继文，学习成绩不是很理想，如果再这样下去，他可能要留级，爸爸为此很头疼。

后来，爸爸想到用奖励的方法激发继文的斗志，于是便告诉他，如果下次考试的成绩能有所提高，爸爸就给他一份意外的惊喜。听了这话，继文心里美滋滋的。从那以后，他每天都坚持认真学习，平时写的作业都比以前工整多了，有时遇到难题，他就暗自给自己打气，并想尽办法去解决。结果，两个多月后的一次考试，继文的成绩真的提高了很多。

不过，继文刚考完试的时候，爸爸还没有想好要给他什么样的惊喜，因为他还不清楚继文到底喜欢什么。可就在当天，一个同学拿着一部数码照相机在继文面前炫耀，爸爸发现继文很喜欢那部相机。而且，爸爸看了继文用同学的相机拍的照片，发现他真有摄影的天赋。于是，爸爸知道要给继文什么样的奖励了。

两天后，当爸爸知道继文的成绩，就立马给他买了最喜欢的那部照相机。看到这份礼物，继文说："爸爸，我很喜欢这个奖品，以后我会更加努力学习的！"

懂得自我激励的人，往往能在不断前进的过程中充分发挥自身潜能，最终实现自己的目标；而不会自我激励的人，就算天赋异禀，也很可能无法将其充分利用，甚至一生碌碌无为。

对孩子而言，自我激励则显得更为重要。有研究表明，没有进行过自我激励的孩子，仅能发挥其能力的20%左右，而经常自我激励的孩子，其发挥的潜能相当于激励前的3~4倍，即80%左右。

但是，孩子的自我激励能力不是生来就有的，这需要家长在其成长过程中不断培养。具体而言，家长可利用以下方法让孩子学会自我激励，让他不断获得前进的动力。

### 1. 正确表扬、奖励孩子

家长要用欣赏的眼光看孩子，要及时发现并赞扬他的优点与长处。当孩子受到赞扬，获得奖励后，他们的就会在心里形成一种自我激励的内驱力，这会促使他在今后的学习、生活中不断超越自己，督促自己进步。

当然，家长一定要实事求是地给予孩子表扬和奖励，要让孩子学会明辨是否，让他知道自己什么时候才应该得到表扬与奖励。

另外，家长不能过分注重物质奖励而忽视对孩子精神层面的激励。事实上，当孩子取的好成绩或做了一件好事后，家长一句表扬的话，一个肯定的眼神或鼓励的动作，都可以让孩子受到极大的鼓舞，让他对自己更有信心，从而激励自己更加努力去做好每一件事。

### 2. 教孩子学会积极的自我暗示

平时生活中，家长一定要教孩子学会积极的自我暗示，如当遇到困难和挫折时，让孩子不断暗示自己"我可以做到"、"坚持就是胜利"等。这样不仅能帮助孩子消除不良情绪，还能增强他的自信心，促使他调动全身心的各种潜能，帮自己更快走出困境。

### 3. 对孩子的目标有一个适当的时间限制

很多孩子的自我约束能力差，在起初确定目标时能努力奋斗，但时间一长就没有任何斗志了。对此，家长应该让孩子产生一定的紧迫感，让他对目标有更加明确的认识，并懂得付出与回报是成正比的。

具体来说，家长可以督促孩子每天阅读自己的目标计划，并在他做某一件事之前限定合适的时间，比如让孩子打扫屋子之前，要告诉他将屋子打扫干净的标准，有多少时间可供利用等。这样，孩子在做事时会有紧迫感，为了在限定的时间内顺利完成任务，他就会不断自我激励，以发挥自身最大潜能。

# 细节 27： 如何教育孩子反省自身

在《论语》中，曾子有"吾日三省吾身"之言，意思是人应该每天多次反省自己的言行，并及时发现其中的不足之处以待改进。对任何一个孩子来说，他的成长就是一个不断犯错、不断改正的过程。孩子犯错并不可怕，关键是他必须时刻自省，及时发现自己的错误并在第一时间里改正。

"悟以往之不谏，知来者之可追"，千百年前，人们就在不断强调自我反省对人生的重要意义。时至今日，行走在人生旅途上的每一个孩子，都很容易因受自身学识、阅历、性格等因素的影响而陷入某些错误或危局中，给自己带来许多不良后果。但这些不良后果并不是完全无法避免的，如果孩子学会自省，每天反省自己的得失并认真分析如何避免失误，那他也会不断朝完美的人生迈进。

因此，在孩子成长的过程中，家长应时常教育孩子反省自己，以及时发现自己言行中的不足并不断进行自我完善。而让孩子学会自省，家长可从以下方面入手：

### 1. 对孩子的错误不能横加指责或当众批评

当孩子犯错时，很多家长都会生气地斥责甚至当众批评、打骂孩子，目的是用这种严厉的教育方式让孩子"长记性"。殊不知，这样的教育方式是很不科学的，原因在于：每个孩子都更希望获得来自家长的鼓励与赞扬，而不是批评和责骂，家长一味责骂孩子，只会引起他的反感；每个孩子都有很强的自尊心，过多的批评、斥责声会伤害孩子的自尊，并让他与家长之间产生隔阂，进而更不愿意自觉地反省、改错。

### 2. 孩子犯错后，通过灌输正面道德情感唤起他的愧疚感

有时孩子犯错后并不会立即反省自己、承认错误，这种情况下，家长不能马上揭穿并批评孩子，而是应该想办法唤起孩子的羞愧感、内疚感，进而让他主动反省自己并承认错误。

具体来说，家长要对孩子进行正面教育，通过灌输一些正直、诚信、善良、勇

于承担等的正面道德情感，塑造其美好的心灵，促使他自我反省。正如上述故事中列宁的妈妈那样，在讲述了许多有关诚信、勇于改错的美德故事后，列宁对自己所犯的错误感到羞愧，很快就主动认错并改正。

### 3. 让孩子自己承担做错事的不良后果

琳琳最近总爱在课堂上睡觉，而且每天的作业写得越来越潦草，老师都快无法辨认了。在学校里，老师找琳琳谈过好几次话，希望她别再偷懒，认真听讲、写作业，可她根本没有将这些话听进去。

后来，老师来琳琳家了解情况，琳琳的妈妈这才知道女儿最近在学校里的表现，也明白了他是因为晚上玩电脑游戏时间太长，导致睡觉很晚，白天精神不济。

老师离开后，妈妈并没有批评琳琳，而是把电脑从她卧室中搬走，并告诉她，要将她这个月的零花钱减少一半作为惩罚。琳琳听后虽然不高兴，但也知道这回是自己做错了事，所以最后还是乖乖接受惩罚。但从那以后，她做事就更加谨慎了，也慢慢学会了反省自己，及时认错并改正，因为她想获得来自爸妈的更多表扬和奖励，而不是经常受到惩罚。

对于孩子所犯的错误，家长若置之不理或经常帮他"善后"，渐渐地，孩子就很容易变得缺乏责任心及自我反省意识。所以，家长应该适当让孩子自己承担做错事的不良后果，让他懂得只有时刻自省，及时修正自己的错误和不足，才能获得更多好评，避免受责罚。

## ▲ 细节28：如何让孩子变成"小勇士"

4岁的小女孩悦悦非常胆小，她怕黑，不敢单独在房间里睡觉，不敢和小区里的其他小朋友一起玩耍，被别人欺负也不敢反抗……一次，悦悦的妈妈带她去公园玩。正当她在一块空地上玩小遥控汽车时，旁边突然跑过来一个3岁多的小男孩，他一直盯着悦悦的小遥控车看，非常好奇的样子。悦悦看见后赶快拿起地上的小遥控车，然后快步向妈妈身边走去。这时，小男孩好像看出悦悦比较胆小，便跑上前来拦住悦悦，然后从她手中抢小遥控车，这下悦悦被吓得嚎啕大哭起来。

不远处，悦悦的妈妈发现情况不妙，立马跑过来对小男孩说："小朋友，你怎么可以抢别人的东西呢？"然后又安慰悦悦道："小弟弟和你开玩笑呢，你别怕。

来，你们握握手，做个好朋友好吗?"

可是，小男孩并没有理会悦悦，而是做了个鬼脸后转身跑了。原来，这个小男孩和悦悦住在同一个小区，他们经常会在小区广场遇到。后来几次，悦悦在小区广场上玩，小男孩只要看到，就会跑过来吓吓她，或者抢她手里的东西。

又有一次，爸爸开车接悦悦回家。到了车库，他打开车门要抱悦悦下车时，悦悦突然喊道："爸爸，快关上车门，我不下去，那个小哥哥又要来抢我东西了。"

悦悦口中的"小哥哥"其实就是之前经常遇到的那个比她小的男孩。发现悦悦如此胆小，爸爸有点担忧。虽然他很疼爱悦悦，把她当做掌上明珠，但他不希望悦悦永远都是个胆小、懦弱的小女孩，他想让自己的女儿变得勇敢。所以，从那以后，悦悦的爸爸妈妈开始想办法训练她的胆量，努力让她勇敢起来。

相关调查资料表明，大多数儿童都存在着不同程度的害怕心理，其中，上幼儿班的儿童中有将近四成像故事中悦悦一样怕黑等，而上小学期间的儿童则害怕的东西更多。比如：孩子怕陌生人、怕打雷等。这样的数据真是令人担忧，虽然社会、学校、家长都在想尽办法训练孩子的胆量，但像悦悦这样胆小、懦弱的孩子依然很多。

除去遗传因素外，环境因素和受到的教育的程度也很重要。尤其家长，是孩子接触最多的人，也一直是孩子模仿的对象，其教育方式对孩子各方面的影响也就格外深远了。所以，家长不仅要让孩子去参加训练胆量的游戏和活动，还应言传身教。具体情况家长可以参考如下方法。

### 1. 鼓励孩子对"侵略者"说"不"

当胆小的孩子被周围其他小朋友欺负时，家长要做的不是冲上前去教训对方，而是应该鼓励孩子勇敢起来，给孩子加油打气，让孩子敢于对面前的小"侵略者"说"不许欺负我"。

### 2. 带孩子多接触外面的世界

孩子胆小、懦弱可能是因为甚少接触外面的世界，所以，父母如果想要孩子摆脱这种个性就应该带孩子走出家庭这个封闭的小环境，指导孩子如何与人和谐相处，让孩子在与不同人群交往的过程中脱胎换骨，变得勇敢、自信。

此外，家长还可多带孩子外出做客，或者参加一些户外集体活动，让孩子在潜移默化中开朗起来，继而也就变得勇敢起来。

### 3. 让孩子做些力所能及的事情

在教育孩子时，家长不应该站在成年人的角度去过高要求孩子，也不应该在孩子未能妥善完成能力之外的任务时大肆指责、批评，这样都会让孩子因为害怕遭到指责而愈加胆小，从而做事畏首畏尾。

家长应该对孩子多加鼓励，让孩子有勇气去尝试没有做过的事情，且在孩子的表现不尽如人意时，从旁指点，让孩子在良好的氛围下不断进步。

## 细节 29：怎样提高孩子的生活适应能力

小女孩怜怜从小适应能力就比较差，也不喜欢出门。三四岁时，爸妈带她出去，即使是去亲戚家，她也会觉得很别扭，不会和亲戚打招呼，总是悄悄躲在妈妈身后。

后来，怜怜进了幼儿园，很多小朋友都想找她一起玩儿，可她却十分不情愿，总是一个人在教室的角落里安静地坐着。有时其他小朋友逗她玩儿，或者要借她的学习用品，她要么一声不吭，要么就开始哭泣，好像别人都要欺负她。大半年后，怜怜好不容易有点儿适应幼儿园的环境，不那么爱哭了，可一次，幼儿园换了位老师，她又出现了不适应的状况。

原本，怜怜已经认同了之前那位老师的教育方法，也很愿意听她的话。可那位老师临时被调走了，新来的老师虽然也很优秀，对小朋友们都很好，但她的有些教学方法不同于之前的老师，所以怜怜觉得不习惯。在之后很长一段时间里，怜怜都没有学习的积极性，以前学会的一些舞蹈、诗词等，她也渐渐都忘了，而且总是抗拒学习新的东西。

对此，怜怜的爸妈很着急，他们清楚，在孩子成长的过程中，她必须学会适应不同的老师、不同的环境。但怜怜的适应能力比很多小朋友都差，他们真的很担心，害怕这样继续下去，将来怜怜即使长大成人，也无法适应这个社会。

任何一个孩子都终究要走向社会，要独立去完成自己人生中的许多大事，那么，如果孩子缺乏适应能力，就很难立足于社会。

一个孩子若缺乏适应能力，在婴儿时期就会有明显的表现，如不能适应皮肤所接触的各种东西，包括换衣服、换床单等；自我保护性反应过于强烈，比较情绪化，如爱哭、睡觉不踏实等；耐心较差，坐不住板凳，外出时怕拥挤，不愿待在陌生的环境中，等等。

孩子的适应能力，直接影响到其情商水平的高低。而在竞争激烈的社会中，没有哪位家长希望自己的孩子是高智商低情商甚至低智商低情商的人。所以，作为家长，从小督促孩子认真学习，扎实学好科学知识很重要，但更重要的是培养他适应社会的能力。具体来说，培养孩子的适应能力，家长可以从以下方面入手：

### 1. 引导孩子多接触新环境

很多适应能力较差的孩子，到了陌生的环境中，会惧怕与人交往，无法快速融入其中。对于这样的孩子，家长要做的时多创造机会让孩子接触新的不同于自家的环境，并鼓励他在新环境中积极与人交往，或自己去发现许多新鲜有趣的东西。

平时生活中，家长可多带孩子外出郊游，或到公园、游乐场玩耍，让他在属于孩子们的天地里不断探索新的东西，包括结交新的朋友。一段时间后，待孩子可以顺利与他人交往后，家长可以再鼓励孩子独自外出办一些简单的事情，以试着适应社会生活。当然，家长应让孩子去做自己力所能及的事，还要确保安全。

### 2. 可以适当与孩子分离

适应能力较差的孩子，往往离不开家长，独立性较差，一般的表现是在离开家长后产生焦虑情绪，甚至哭闹，哭过闹过之后仍会感觉茫然，很难在新环境中独自生活。对此，家长要做的，不是寸步不离地照顾孩子，而是寻找适当的机会与孩子分离，培养孩子的独立意识，进而训练其适应能力。

日常生活中，家长应注意观察孩子的行为，发现他有能力独立处理某些事情时，就可以暂时离开。但在离开之前，家长要清楚地告诉孩子，自己要离开多久，要让孩子有安全感。

### 3. 孩子在新环境中有进步时要及时表扬

"宝宝今天真棒，会笑着去幼儿园啦，妈妈真为你高兴!"上幼儿园一段时间后，怜怜的妈妈表扬道。

刚开始上幼儿园，怜怜有诸多不适应，总是不愿意去。但在爸妈的鼓励和帮助下，渐渐地，怜怜不再抗拒去幼儿园，有一天起床后竟开开心心地收拾小书包。为了激励怜怜今后继续高高兴兴去幼儿园，妈妈便表扬了她，同时还说，"怜怜真是个乖孩子，明天还笑着去幼儿园好吗?"

受到表扬的怜怜更加开心了，好像已经获得了成功的体验。从那以后，怜怜开始一点一点地适应幼儿园这个新环境，直到换了新的老师，她才出现了另外的不适应状况。

好孩子是夸出来的，恰当的表扬与奖励，会让孩子更加有信心去适应新的环境。

# ▲ 细节30：保留孩子率真的天性

一位年轻妈妈带着5岁的儿子去逛街，途经一家品牌服饰商场，她便停下脚步，思量着要不要进去逛逛。这时，儿子突然指着商场大楼外的一个巨幅广告牌喊："谁，找，你！"

年轻妈妈听着很奇怪，便蹲下来问儿子："宝贝儿，你在说什么？谁在找我？"

儿子继续用一只手指着广告牌，另一只手拽了拽妈妈的衣服说："妈妈你看，就是那上面写的—谁，找，你！"

年轻妈妈将目光投向儿子所指的地方，这才明白原来所谓的"谁找你"，是广告牌上写的品牌名称"雅戈尔"。

发现儿子读错字，这位妈妈立即捂住他的嘴说："哎呀，错了错了，那是雅戈尔，不叫'谁找你'。"说完，她还四处打量了一下，看看周围有没有人注意到他们。原来，她是怕儿子给她丢脸，毕竟她也是个有学识的高级白领。

其实，这位年轻妈妈大可不必因为孩子认错字而觉得丢脸。孩子虽然认错字，但他却十分率真，他能大胆讲出自己看到的事，这份勇气实在难能可贵。如今的社会中，又有几个孩子能像他这样单纯、率真？

现实生活中，越来越多的孩子正在受"早熟"的折磨，小小年纪的他们张口就唱"大人腔"，文字语言成人化的趋势已很难改变。比如，许多孩子在平时讲话或写作文的时候，都会用到当下流行的个性网络语言，像"MM"（美眉）、"大虾"（大侠）、"7456"（气死我了）等，都备受青少年推崇。

随着年龄的增长，孩子渐渐成熟起来，这本无可厚非。可时至今日，在孩子成长的过程中，因为社会、学校、家庭等不同环境的影响，他们已渐渐变得圆滑起来，他们的心可能已不再单纯，他们已很难在生活中率性而为，他们或许再也不会拥有率真的童年。

然而，一个人若失去了自我，无法显露真性情，那么他的人生会是暗淡无光的。古往今来的许多成功者，他们虽立足于不同领域，有着不同的事迹，但却有着共同点，那便是保持质朴、率真的个性。

所以，无论是为了孩子的快乐童年，还是为了他将来的成功人生，家长应从小培养其率真的性格，让他以真性情示人，做最真的自己。

### 1. 让孩子在画画中享受童趣并自由想象

日本人十分重视对孩子率真个性的培养，还充分利用儿童美术，让孩子体验色彩、自由作画，并鼓励孩子们表达自己内心最真实的想法。

以往的美术教育中，当孩子画好画后，老师们常常会以同一个标准或自己的喜好来评价这些画，如"这幅画最好"、"这张很干净，我喜欢"、"这一副乱七八糟，我不喜欢"等。这就难免会打击大多数孩子的自信心，让他们不敢再通过画作表达自我、展现自己的率真。

所以，家长们可效仿日本学校的做法，让孩子自由地作画，给他们自由想象的空间，而不是为其创作套上各种条条框框。

### 2. 孩子说错话时，家长要给其"留面子"

很多时候，孩子表现出率真时，可能会因缺乏知识经验等而说错话、做错事。这时，如果家长毫不留情地批评、指责孩子，渐渐地，孩子会没有勇气表达自己的心中所想。所以，家长在和孩子说话时，也要注意照顾到他的"面子"，给他自我改错的机会。

# 第四章

## 提高孩子情绪行为的11个方法

孩子的情绪化行为常常让家长们感到挠头：这孩子太难管了，遇点事儿就闹腾起来，虽然年纪小但也不能这么由着他来吧！是的，无论是五六岁的孩子，还是十来岁的孩子，他们都明白一些事理了，有时候明知自己不应该情绪化闹脾气，但还是控制不了自己。这说明家长需要对孩子加强情绪方面的教育了。

# ▲ 细节 31: 家长如何教孩子应对焦虑心理

12 岁的女孩小齐是家中的独生女,从小家里人就对她寄予厚望,爸爸妈妈卖力工作,为的是给她创造更好的学习条件,让她上重点高中,将来出国留学。平时在家,为了确保她有更多的时间可以集中精力学习,爸妈将一切生活琐事都替她办好了,对她的所有要求,爸妈无不竭尽全力去满足。

上小学后,小齐不负众望,学习成绩一直名列前茅,可除此之外,她甚少参加其他课外活动,课余时间里她也总是抓紧时间学习,一点都不放松,生怕考试退步了被爸妈和老师责罚。快要升初中的那一年,小齐每个周末都要上补习班,一周七天,她至多有半天空闲时间。而这半天里,她有时还要研究在课堂上遗留下来的一些问题。

然而,这样紧锣密鼓地做升学准备,结果却是小齐并没有将所学知识真正消化理解,过于繁重的学习任务将她压得喘不过气来。从那时起,她开始出现焦虑急躁、无故紧张的状况,而且渐渐产生了厌学情绪。但那时,爸爸妈妈都以为,孩子在考试之前出现这种焦虑情绪是正常的,等考完试就没事了。

后来的一段时间,小齐虽然时常紧张、焦虑,但她仍坚持认真学习。最后,当她拿到初中入学考试的成绩单,发现还没有平时测验时考得好,名次也落后了,她突然眼前一黑,晕倒在地。

幸好考完试就放假了,小齐可以好好休息一段时间。可后来上了初中,不知是适应不了新的环境还是学习负担加重的原因,小齐仍时不时会感到头晕,经常紧张不安,做事无法集中注意力。有时特别焦虑的时候,她会攥着拳头使劲敲自己的头,甚至会用头撞墙。爸妈走过去安慰她,阻止她做出这些不良行为,她可能会大发脾气,大吵大闹。

焦虑指的是个体由于不能达到目标或不能克服障碍,导致自尊心与自信心受挫,失败感和内疚感增加,进而形成一种紧张不安甚至带有恐惧害怕的情绪状态。

小孩子出现过度焦虑情形，往往是在他上学以后，常常表现为遇事退缩或过度顺从，或容易发脾气、担心害怕，并且拒绝入学，经常不能很好地完成学习任务。

一般而言，当孩子在遇到挫折或面临抉择时，暂时出现一些焦虑情绪，这对他的身心发育和正常的学习、生活不会产生太多不良影响。但若孩子长期出现过度焦虑行为，这对其健康心理、优秀人格的形成会非常不利。所以，平时生活中，家长应时刻注意孩子的情绪、行为变化情况，千万不能让他长时间处于焦虑不安、恐惧害怕的状态中。

那么，家长到底该如何矫正孩子的过度焦虑行为呢？

### 1. 帮孩子尽快适应新的环境

孩子小时候很少离开家庭，生活的环境比较单一，对外界环境没有相应的适应能力，所以在刚开始上幼儿园，或在学段过渡的时候，很容易出现过度焦虑情绪，并表现出急躁易怒、哭闹不止等不良行为。

针对这种情况，家长不能批评教育孩子甚至恐吓他，而是要帮他尽快适应新的环境。比如，在孩子哭闹时给予安慰，告诉他学校里有许多小朋友会陪他一起玩，爸妈一下班就会来接他，在孩子上学前为他准备他喜爱的新书包、新文具等。在送孩子到学校后，家长还可有意与其他家长交谈，引导自己的孩子主动和其他小朋友交流沟通。

### 2. 帮孩子减轻学习负担，对他的要求不宜过高

孩子焦虑不安的情绪往往是由学习负担太重、自己难以达成目标等引起的。因此，孩子成长的过程中，家长应注意帮他减轻负担，不要给他布置太多学习任务，要保证他有足够的睡眠和娱乐时间，另外还要经常鼓励他，增加他的自信心，让他用乐观的心态对待学习、生活中的种种问题。

例如，家长应重视孩子的兴趣所在，不能为了考第一名、上重点中学等而逼孩子不顾一切去学习，这样孩子只能是"身在曹营心在汉"。相反，如果家长在周末的时候多抽出一些时间陪孩子玩，或让他做自己感兴趣的事，那就能很好地缓解其身心疲乏，减少焦虑情绪的出现，这对他提高学习效率有很大帮助。

# 细节 32： 当孩子有愤世嫉俗的想法时怎么办

11 岁的男孩小飞智商很高，从小学习成绩比较优异，如今已经上初中了，成绩依然维持在优秀水平。

小飞以前是个积极向上、性情较温和的孩子，爸爸妈妈都很疼他。可最近，他的行为有些古怪，态度变得消极起来。从他写的作文、平时与别人的对话里，爸爸发现他的内心有点阴暗，有些愤世嫉俗，似乎总是把周围的一切想得很不堪，说班主任偏心，对某些学生特别好而不喜欢他，说某个成绩好的学生背地里搞小动作算什么"优等生"等。

一次，爸爸在检查小飞写好的一篇作文时，读到了这样的句子：同学的爸爸今天开了辆新车来学校接他，有什么了不起，还不是赚了我们大家的钱才能买得起；现在的教育制度和教育方式有问题，不管上什么样的学校都是接受应试教育，是在"毁人"……

爸爸想，小飞从小生活的家庭环境也算不错，其他家人也都比较豁达，可他为什么越来越愤世嫉俗呢？仇视社会、痛恨别人，这可不是一件好事情。

不仅如此，近来小飞对待事物的态度越来越消极，整个人开始颓废、浮躁起来。每天放学后，他不再像以前那样赶快完成作业，而是一直上网玩游戏、看网络小说等，或者放学后先打一个小时篮球再回家。无论在家还是在学校，他都开始抗拒与别人交流，不愿听取别人的意见和建议，有时爸妈多和他说几句，他就变得歇斯底里。

如今的小飞，好像觉得学什么东西都没用，他对现实社会没有任何信心，有时别人不经意间说了什么或做了什么，他都会往坏处想。对此，爸爸妈妈真的非常担心，他们开始努力想办法纠正儿子那些愤世嫉俗的行为。

生活中，常有父母这样说："不知道我家孩子是怎么想的？"或"孩子小小年纪，怎么会如此愤世嫉俗？"

一般情况下，愤世嫉俗的孩子对待事物的态度会比较消极，遇到一些不和自己心意的事便满腹牢骚，甚至破口大骂。长期出现愤世嫉俗行为孩子，其心理慢慢会变得阴暗，对任何事情都失去信心，整个人也会颓废起来，这对他身心的健康成长十分不利。

因此，当发现孩子出现愤世嫉俗的行为时，家长应立即采取措施改掉他的不良行为，要引导孩子积极、乐观地看待周围的一切人和事，并对未来、对社会充满信心与希望。具体来说，家长可采用以下方法纠正孩子的不良行为：

### 1. 对孩子的教育要避免功利性

生活中，很多家长见了孩子哪怕是陌生的孩子，都会问"成绩怎么样"、"考了第几名"之类的话。或许，家长是抱着望子成龙、望女成凤的心态才这样问的，但时常如此，就会让孩子反感，会让他觉得大人们很唠叨，而且只看重成绩，根本没有真心关爱他。

对家长而言，如果外出时遇到很多人问你赚了多少钱、收入怎么样等，相信你也会不高兴。其实，孩子也是独立的个体，在纯真的少年时代，他会比大人更加排斥、厌恶带有功利色彩的事物。

所以，作为家长，除了创造好的条件让孩子努力学习，还应该在其他方面给孩子多一点爱，要时常和他交流沟通，耐心倾听他的心声。家长不能总是以大人的标准衡量孩子，不能总认为自己是对的，而孩子的人生阅历、社会经验少，所以他的想法就是错的。否则，孩子会感到压抑，会变得更加消极，怀疑或仇视周围的一切。

### 2. 支持孩子做自己喜欢的事，鼓励他多运动

很多时候，孩子愤世嫉俗，是因为对自己的现状不满，是对自己当前所做的事情都失去了兴趣，但却在父母、老师的要求下不得不"咬牙"继续去做。

对于这种情况，家长就应及时了解孩子的兴趣所在，要放下自己的严厉，和孩子讲行平等、友善的沟通，这样他才会愿意说出自己真实的想法。在了解到孩子喜欢干什么之后，家长应该创造机会让他尽情做自己想做的，要积极给予他支持和鼓励，让他感受到来自父母的关心和信任。

此外，家长应经常鼓励孩子去运动，如和孩子一起跑步、打篮球等，因为运动不仅可以健身，还可以帮助人们发泄情绪。尤其对愤世嫉俗的孩子来说，通过运动这种简单的方式发泄心中的不满，会让他身心轻松，之后在学习和生活中就不会有太大心理负担，他的心态自然就不容易变得消极了。

# 细节33： 让孩子拿得起放得下

妈妈下班回家之后，见儿子闷闷不乐地坐在自己房间里，嘴撅的老高，看见妈妈，委屈的边哭边跑进了她怀里。

"儿子，这是怎么了？谁欺负你了？"妈妈关心地问。

儿子只摇头，哭喊得更厉害了。

在家休息的爸爸听到动静走过来后，见到儿子的样子，不怒反笑："哈哈，这个没出息的儿子，还有脸哭？"

"到底发生什么事了？"妈妈看着这一个哭、一个笑的父子俩，不知道是该哭还是该笑。

爸爸这才说："还不是和我打架打输了。"

妈妈这才了解到，原来是下午的时候父子俩无聊就打闹起来，可儿子怎么也近不了爸爸的身，刚靠近一步，就被爸爸从头顶给拎了起来，结结实实地扔到了沙发上。

儿子听着爸爸的叙述，哭得更凶了，妈妈略带责怪地看了爸爸一眼，轻声说："儿子想赢，你就让儿子赢一次嘛，做爸爸的这么小气干嘛。"

"这样啊……那，儿子来，咱们掰手腕，爸爸让你赢。"

"真，真的？"儿子抹了把泪，看向爸爸。

爸爸重重的点点头，儿子这才破泣为笑，从妈妈的怀里挣了出来。

"快点快点，我们来这里比。"

"好，一，二，开始！"

啪的一声，儿子的手被毫不留情的掰倒在桌子上。

儿子愣了一下，哇的一声又哭了起来，边哭还边喊："爸爸坏蛋，骗我。我要赢，我就要赢嘛。"说着的同时，还拿脚用力地往爸爸身上蹬。

最后没办法，爸爸只好让了儿子一次，儿子见自己赢了，马上高兴地跳了起来，接着又和妈妈掰手腕，妈妈为哄儿子开心，也"哎哟哎哟"叫着认输了。

"耶！我打败爸爸和妈妈了，我是大力士！"儿子高兴地跑出家门，要把这个好消息告诉其他小伙伴去。

谁知道跑出去和小伙伴们一说，小伙伴们都不信，最后争来争去，大家只好比一场，如果他能赢了其他小伙伴，大家就相信他说的话。

天快黑的时候，儿子无精打采地回到了家，妈妈一看，又和她下班时见到的儿子一个模样。

"儿子？"妈妈试着叫了一声。

儿子果然哭着跑了过来，问什么都不说。

不一会儿，有邻居来敲门，说是儿子把他家孩子给打了。详细问过之后，妈妈了解到，其他小伙伴在赢了儿子之后，也会遭受到儿子"恼羞成怒"般的推揉和捶打。

"儿子，你也太不争气了吧？既然输不起，就别玩；玩了又不承认自己输了，你还是不是男子汉！"妈妈生气地训斥着儿子，不知道他怎么会变成这个样子。

孩子"输不起"通常会有两种表现：一些孩子面对挫折、失败，他会采取回避，逃避困难；另外一种，性格急躁的孩子一旦在游戏中输了，就会大发脾气。可见，输不起的孩子要么情绪低落，心理痛苦，态度气恼，要么性格出现偏差，这会影响他们将来性格的形成。因此，培养孩子"输得起"就很有必要了。

### 1. 引导孩子寻找克服问题的方法

当孩子遇挫时，家长不要立刻插手，不妨留给孩子自己面对失利的空间和机会。然后，和孩子分享自己成功与失败的经验，让他们知道即使是父母也有失败的时候。不要总是觉得孩子小，和孩子讨论自己处理失败的方式及心路历程，会让孩子更了解父母，也更能思考成功与失败的意义。让孩子明白，失败可能仅仅是未能达成预设的目标，但是，失败有时会让我们获得更多。

### 2. 鼓励孩子多和伙伴玩耍

在集体游戏中，孩子会经历一些挫折和失败，这些失败的痛苦经历让他更好地认识自己，发现自己的缺点和别人的长处，发展他的内省智能。他一方面要学会如何欣赏别人，和同伴友好相处，共同合作；另一方面在同伴之间的相互交流和指导中，克服困难、解决问题。在集体中的这些磨练有助于提高幼儿的耐挫力。

### 3. 允许孩子适当放弃

有些孩子会发泄自己的情绪，请家长保持冷静，孩子只是发泄而已，你甚至可以不搭腔，等他安静下来，可以询问他，如果他仍然拒绝，没关系，那就等下次吧。不是任何一个困难都能被克服的，当我们的能力暂时无法解决它的时候，放弃也是一种勇气和选择，我们可以把精力放在那些适合自己的领域，而不是跟自己的短处较劲。

## ▲ 细节34：家长应正确对待男孩哭鼻子的现象

小石头是一名男生，活泼开朗，聪明好学，升入小学四年级后，一心想当名班干部，为同学、为班集体作些贡献，可没想到的是，老师竟然选了一名比他差的学生当班干部，他觉得很委屈，越想越难过，回家的路上眼泪就在眼眶里打起了转。

"小石头，你这是怎么了？"刚回到家，妈妈看他眼圈红红的就问："是不是在学校被人欺负了？"

"……不是，是老师……老师不让我……呜……"

谁知道小石头话没说完，就呜呜地哭了起来。

妈妈眉头一皱，板着脸说道："一个男孩子，成天哭哭泣泣的像什么样子，不准哭，再哭妈妈打你屁股了！"

小石头见妈妈不仅不替自己打抱不平，还要打自己屁股，心里更委屈了，嘴一咧，哭得更凶了。

妈妈见状，走过去就朝他的屁股拍了一下，小石头哭着跑回了自己的房间，不管妈妈在门外怎么敲、喊，他都装作听不见，蒙着被子呜呜地哭着，直到哭累了，抽泣着进入了梦乡。

妈妈在外面又急又气又后悔，恨自己没先问清楚儿子到底发生了什么事情，可就算自己有错，一个男孩子一开口就哭哭泣泣的也不对啊，真是越想越郁闷。当儿子睡着后，她轻手轻脚打开了儿子的房门，看着儿子哭肿的眼睛，无声的叹了口气。

从这天开始，妈妈发现小石头变得不太爱和自己说话了，自己喊他的时候，他也经常躲着或者一直低着头说话，曾经活泼开朗的孩子，现在变得十分的内向，不爱说话。

小石头的遭遇并不是个案，在生活中，不少年轻父母看到自己的儿子遇到挫折或受到打击而哭泣时，都会像石头妈那样"安慰"孩子。在这些父母的眼中，自己的孩子是个男孩，就应该坚强些，即使身体受伤或受到打击也不应该像女孩那样哭哭啼啼，那太娇弱了，一旦形成习惯，长大后的孩子岂不是会变成柔弱、不敢勇于面对困难的人了，怎么能成为男子汉担起家里的"顶梁柱"的重任呢？的确，这些家长的担忧不无道理，他们的想法是好的，但是，他们却忘记了一件事儿：对孩子进行情感教育时，要区别他的年龄，也要区分具体情况，不能搞"一刀切"的强制式要求。

**1. 对六七岁的男孩，不宜强制要求他"不哭"**

当男孩在六七岁时，当他遇到挫折而哭泣时，父母不应求全责备，而应该让他哭出来。对成人来说，偶尔的流泪哭泣还是一种释放压力的方式，对孩子来说，在他的成长过程中，哭泣更是有着丰富的含义，既是宣泄不良情绪的一种常用方式，还是向父母求助的一种信号，更是对自己能力不及的一种反映，还是孩子自我疗伤的一种手段。

这时，父母应闻言安慰孩子，在他情绪宣泄后，和他一起讨论遇到了什么问题，为什么自己不能解决，自己应该想什么办法去解决等，让孩子逐渐把注意力转移到解决问题上，如是几次，孩子在遇到类似的困难，自己就有了底气，哭泣的次数就会逐渐减少。

**2. 对十来岁的男孩，应教会他控制情绪**

小律是个十一岁的男孩子，他家的家教很严，男孩子必须要坚强，不能哭，也不能闹。因此，小律在外人眼里，从小就是个听话、能干的好孩子，只不过性子有点闷，不善于和人沟通交流。

小律的父母觉得这会影响到小律的成长，便带他去了心理咨询处，希望专业人士能帮助小律。心理医师经过一番询问，最后确定，是小律父母的教育方法出了问题。

"虽然小律是男孩子，但当他心情不好的时候，做父母的应该鼓励孩子哭出来，把心里的不良情绪发泄出来。"心理医师这样对小律的父母说道。

"让他哭？男孩子怎么能哭呢？那样太娇气了。"小律的爸爸说道。

心理医师摇摇头，笑着说道："男孩子怎么不能哭？和大人一样，孩子也会有情绪，遇到问题的时候也会想找个发泄口发泄一下。哭是孩子最直率的发泄方法，做父母的不能剥夺孩子的这一权利啊。"

"可是……"小律妈还是觉得男孩子整天哭哭泣泣的不合适，心理医师像是看出了她的疑虑，微笑笑道："不是让他成天哭，男孩子还是应该有志气一点嘛，这一点，其实孩子自己也知道的，所有很多男孩子在哭的时候，其实是背着人的，所以父母偶尔发现孩子忍不住在你们面前哭了，不要一味训斥，应该打开他的心结，鼓励他用哭的方式发泄不良情绪。"

"原来是这样。"小律的父母这才明白。人都有脆弱的时候，在这种时刻，哭确实是一剂良药。

可见，当男孩在十来岁时，他已经有了明显的性别意识，已经明白自己"是一个小男子汉"了，但仍会在生活中遇到不少的问题，当他哭泣时，父母也应劝慰为主，并告诉他"遇到十分难过的事情时，就哭出来吧""男人哭泣不是丢脸的事儿"，然后让他放下心理负担后，也明白负面情绪是需要控制的，而自己可以尝试学着遇到小事儿不哭，而不是一味的压抑。

# ▲ 细节35：如何让孩子变得稳重起来

5岁的小男孩远远最近总是不肯去幼儿园，而且情绪很不稳定，妈妈问他为什么不愿去，结果还没说两句话，他的眼泪就下来了。无奈之下，妈妈拿好吃、好玩的东西哄他，这才得知真相。原来，几天前老师打算让小朋友们排练一个武术节目，在半个多月后的六一儿童节表演。远远觉得平日里老师最喜欢他，一定会让他参与其中，可没想到老师找了其他几个小朋友排练。于是，远远觉得很委屈，他不明白，自己没做错什么事，为什么老师不让他参与表演。

孩子小时候往往是敏感、脆弱的，遇到不顺心的事或经受一点点挫折，他们可能就会满脸委屈或生气。其实，这是因为他们的心理还不够成熟的表现。

一般来说，孩子的心理比较幼稚，不善于思考，看待问题的目光比较浅，常常看不到本质，而且十分在乎父母、老师或小伙伴们对他的评价。很多时候，说者无意，听者有心，别人不经意间说出的一句话，就可能会引起孩子胡思乱想，或让他感到莫大的委屈。

不仅如此，有些孩子还很爱面子，喜欢听溢美之词，却听不进别人对他的意见或建议，上小学三年级的雯雯就是这样一个女孩。

雯雯是个可爱漂亮的小女孩，很多认识她的人都会这么夸她。但是有一次在学校，课间休息时雯雯在外面玩，教室里的几个女同学在一起聊天。后来，雯雯进教室拿东西，刚推开门就听到一个女孩说："我觉得我们班最漂亮的是雯雯。"这时，另外一个女孩说："我不这么认为，我觉得她的留长发不好看，而且皮肤也不够白。"这话被雯雯听个一清二楚，她心想，凭什么说我的长头发不好看，你的短发才难看呢，像个男孩。从那以后，雯雯就牢牢记住了这件事，总是想办法挑那个女同学的缺点和错误，想找机会"报复"她。后来，雯雯的妈妈知道了此事，觉得雯雯这样做，实在太不成熟、太不理智了。也是从这时起，爸妈才开始重视提高雯雯的心理成熟度和情商水平。他们有意识增加和孩子的沟通，并引导其面对问题时寻找多种应对方式，经过一段时间的教育，雯雯的情商逐渐提高，一些往常的小问题解决起来游刃有余了。

有一次，爸妈和她一起去游乐场玩，她在玩套玩偶游戏时，被旁边一男孩干扰推操，屡屡不中，像以前她就会大哭起来，这次，雯雯却对着小男孩说："你做的不对，我很生气"然后就去玩别的了，自己不生气了，小男孩倒是被吓跑了。看到雯雯这么恰当地处理事情，爸妈放心了许多。

雯雯爸妈明白，成熟、稳重的孩子日后才有可能取得更大的成功。儿童教育学家认为，让孩子变得稳重，家长要循序渐进，从释放不良情绪开始，平息孩子的情绪和孩子诚恳交流，教孩子承认现实并寻找解决方法，通过这三个步骤，慢慢提高其对情绪的认识和控制能力。

### 1. 让孩子把委屈释放出来

当孩子遇到不公的对待或难题时，往往情绪上会有大的波动，这时，若父母对其委屈置之不理或认为是小事而压制、批评，其结果会适得其反，都会让孩子的不良情绪积聚的更多，久而久之，孩子的情绪问题更不易处理。因此，父母就遇到这种情况时，可让孩子痛痛快快地哭出来，或用其他合理的方式把委屈释放出来。让孩子体会到父母对他的关爱，对他的"不平"遭遇的同情，在家中能够真实地表现自己的喜怒哀乐。

### 2. 和孩子深度沟通交流

孩子的委屈释放出来后，家长应及时用关怀、鼓励等语言对孩子进行劝慰，让其情绪能尽快平复下来，也可以采取转移其注意力等方式让他从情绪波动中走出来。然后，再和孩子讨论这些不良情绪带来的坏处，如"宝贝，你愤怒过后，是不是现在感觉头晕晕的，身体有点不舒服呢？这就是坏情绪对你伤害""孩子，告诉爸爸（妈妈），哭过后你现在感觉好些了吗？"家长和孩子在对坏情绪的讨论中，引出孩子"为什么感觉"委屈这个问题，鼓励孩子讲出自己的遭遇，并把自己的感觉和看法也一并说出来。

**3. 让孩子将注意力集中到寻找解决方法上**

家长经过和孩子的深入交流后，常常会发现以下三种情况：孩子有时候是被一些小事所困扰、打击；有时候是遇到不平的对待；还有的时候就是孩子自己"多愁善感"想出来的麻烦。这时就要引导孩子寻找"幕后凶手"上，而不是一昧的哭泣和沮丧，即教孩子在面对问题时，除了一时的情绪波动外，更要善于寻找解决方法。

对于第一种情况，家长可告诉孩子"这些其实都是小事，对你的学习（外貌）没有影响""孩子，你也知道，有时无意中说到他人的缺点，并不都是正确的，对吧?! 反过来，他们有时说你的也不都是对的"。在孩子面对第二种情况时，家长应让他明白"这个世界是不完美的"，遇到不公正对待时，不要沮丧，更不要一昧的发火抱怨，而是要相信自己"虽然你们冤屈了我，但我仍然相信自己的学习成绩会更好的（相信自己做的是对的）"，与这样的人生气是不值得的。当孩子面对第三种情况时，父母要告诉他"孩子，在做事情前不要过于担心失败，爸爸妈妈是不会怪你的""孩子，不用担心你今天穿的衣服是否不顺眼，每个人都有自己的判断标准，穿你自己喜欢的就好!""当你有顾虑时，孩子，就大胆地告诉爸妈，我们和你一起商量，好吗？"让孩子明白，哪些担心是不必要的，以及在日后应该如何避免，更明白，父母是自己最好的后盾，在生活中充满阳光、乐观、自信的色彩。

## 细节 36： 让孩子能够严于律己，对自己负责

孩子严以律己，就是对自己负责，而只有对自己负责，才有可能负起其他的责任。然而，生活中对自己不负责任的孩子并不少见，有些孩子每天无所事事，从不严格要求自己，却对别人十分苛刻；有些孩子随心所欲，放任自流，最终使自己一事无成。

前苏联教育家苏霍姆林斯基曾说，要使我们的孩子成为坚定的人，就要让他严格要求自己。在孩子的成长过程中，严以律己，是他走向成功的第一步。而不能严格要求自己的孩子，往往是因为其有较强的惰性。

很多孩子都不愿受家长、老师的约束，常常会想办法挣脱束缚，但真正没有了他人的督促，其惰性就会很快暴露出来，并影响自己的正常生活。就拿锻炼身体而言，健康的体魄是一个人最重要的"资本"，但许多孩子从小都对此不以为然，只在家长、老师的"逼迫"下才适当做些运动，若没有人督促，他们往往无法坚持下去。在学习方面也是如此，有些孩子在家长身边时会刻苦学习，一旦进入寄宿学校，脱离了家长的管束，就会放任自流，对学业有所松懈。

小孩子的心理发育还不成熟，自律能力比较差。因此，要让孩子明白自己肩上的责任，家长就应从小注意对其进行严以律己的性格训练，主要方法有以下几种：

### 1. 让孩子在潜移默化中养成好习惯

家长是孩子的一面镜子，在孩子心理发育还不够成熟时，镜子中的人怎么做，他们往往也会学着那样做。这和心理学中"印刻现象"的实验结果十分相似。印刻现象是说小鸡、小鸭子等刚从蛋壳中出来时，会追逐它看见的母鸡、母鸭或眼前的其他什么人，并长期追随以至习以为常。

所以，孩子小时候的行为习惯，也主要是通过学习身边的家长而形成的，家长在饮食、运动、卫生、学习等方面的习惯，常常会潜移默化地影响孩子。那么，为了让孩子严以律己，养成良好的学习、生活习惯，家长就要以身作则，要用好的习惯影响孩子。比如，家长要求孩子不抽烟、不喝酒，自己就要先戒烟、戒酒，给孩子做个好榜样。

### 2. 让孩子自律，文明用语不可少

有位 8 岁女孩的妈妈找到一位心理医生问："最近我发现女儿说话越来越粗鲁，经常会说些脏话，我们怕伤她自尊，不敢打她、骂她。您说我该用什么方法让她改掉这个坏习惯呢？"

心理医生问："那么，作为父母，你们平时有没有说过比较粗鲁的话呢？"

"这个……偶尔也有。"女孩的妈妈不好意思道。

"其实，我们并非圣人，偶尔不注意，说话带脏字也是难免的。但是在孩子面前，我们千万要谨慎言语，切忌孩子大都是以父母为榜样的。除此之外，平时我们还要刻意训练孩子多用礼貌用语，让她谨言慎行。"心理医生说。

女孩的妈妈听了心理医生的建议，回家后便开始刻意训练孩子文明用语，如果孩子不小心说了脏话，她就会施以小惩，比如给她脸色看或者让她多做点家务活，让她知道不能自律、言行举止不文明的孩子难以招人喜欢。两个多月后，女孩就改掉了说脏话的坏习惯。

孩子严以律己，不仅仅是要控制自己的行为举止，更要谨言慎行，避免出言不逊，否则他很难得到别人的尊重，却很容易为自己招来麻烦。

### 3. 让孩子学会自己做计划并依计划行事

家长应该让孩子试着设计、规划自己的未来，并督促他依计划行事。若孩子不能严格执行自己制定的计划，家长可以这样问他："这是你自己定的计划，相当于你的承诺，现在又做不到，难道你想做个不守承诺的人吗？"或者说"如果我答应你要做一件事，最后又没有严格要求自己，没有好好履行对你的承诺，你会不高兴吗？"家长这样的言语，总好过对孩子的批评。

## 细节 37： 教孩子看待事物不能有偏见

8 岁的小男孩小峰一天回家后闷闷不乐的，爸爸问："小男子汉，今天情绪不高啊，遇到什么烦心事了吗？"

小峰犹豫了一会儿说："爸爸，今天我的电子词典不见了，同学们都觉得是雷雷偷的，我也怀疑是他，可他自己不承认。"

"你们为什么怀疑他呢，有什么证据吗，还是有人亲眼看到他拿了？"爸爸问。

小峰回答道："这倒没有。只是，大家都觉得雷雷平时不爱搭理我们，大家出去玩的时候，他经常一个人待在教室里，今天他就一个人在教室里待了很长时间。而且同学们都说他家比较穷，没有给他买太好的学习用品，他很羡慕我们用的这些文具，所以他偷东西的嫌疑最大。"

"原来是这样啊。你们没有证据，就不能这样主观地断定是雷雷偷了东西，知道吗？你反过来想想，假如雷雷丢了东西，他一口咬定是你偷的，你会有什么样的感觉？"爸爸问。

"我当然很生气，很难过啊！我是个好孩子，绝对不会偷别人的东西的。"小峰说。

爸爸继续问："那么，你又怎么知道雷雷不是好孩子呢？只因为他家经济条件不好，又不喜欢和同学们一块儿玩，你们就说他会偷东西，这对他是不是不公平呢？万一是你们错怪了他，他该有多难过啊！"

小峰仔细想了想爸爸说的话，然后点点头说："爸爸，你说的对，我不能冤枉别人。这件事我会告诉老师，让他帮我找电子词典。如果不是雷雷拿的，我一定向他道歉。"

后来，在老师的帮助下，小峰找到了电子词典，原来是他去电子阅览室听过课后落在了那里。于是，小峰和其他同学一起真诚地向雷雷道歉。

人一旦有了偏见，就会把人看"扁"，因为偏见会像一堵厚厚的石墙挡住人的视线，让人无法看清人、事、物的本来面目，进而无法公正、客观地去分析问题。

小孩子在分析、评价一个人、一件事的过程中，他们往往会受身边家长、老师、同学的影响，人云亦云。这对孩子人生观、价值观的形成是十分不利的。那么，为了让孩子对客观世界有一个清晰、正确的了解，家长就应从小引导孩子仔细思考、冷静判断，让他在了解问题的各个方面后做出更加客观、公正的评价。具体来说，家长可以从以下方面入手，对孩子进行相应的训练：

### 1. 时常引导孩子进行换位思考

小孩子往往比较在意自己的感受，很少会设身处地站在别人的角度思考问题，这使其很容易产生从众心理，即别人怎么说他就跟着怎么说。所以，要让孩子公正、客观地看待问题，家长就应时常引导孩子进行换位思考，站在他人立场上体会对方的感受。

### 2. 让孩子与身边的人互相赞美

孩子也是具有独立意识的个体，他们会很在乎别人对自己的评价，也很想得到他人的认同与肯定。而经常受人夸奖、赞美的孩子，会很注意维护自己的形象，不会轻易做出不受欢迎的事。所以，家长应鼓励孩子与周围的小朋友互相赞美，让他们寻找到同伴身上的优点与长处，而不是紧盯着对方的缺点，这样他们就不容易对同伴有偏见。

## 细节 38：如何让孩子远离虚荣心

"妈妈，妈妈，我要买这个书包！"下午四点半，10 岁的铃儿一看见学校门口来接她的妈妈，就甩着手里的杂志跑了过去，"看，就是这个书包，粉色的，漂亮吧。"

"你的书包不是刚买的吗？怎么又要买？"妈妈问。

铃儿小嘴一撇，不高兴地说："我同桌的妈妈都给她买了，我都和她说妈妈也帮我买了，怎么能说话不算话呢。"

"啊？你这孩子，一个书包而已，比什么。"

"不一样，这可是名牌，不管，你一定要给我买，要不然我要被她们笑话了。"铃儿气鼓鼓的说道："她们天天笑话，这回我也要笑话她们一次。"

妈妈哭笑不得地看着她，心想，女儿什么时候有这么强的虚荣心了。

故事中讲述的现象相信许多父母深有体会，也都会像这位妈妈一样无奈。其实，孩子这种心理的产生大多源自家庭教育。

家庭对孩子个性的形成具有重大影响，倘若父母过于溺爱孩子而担心在物质上不如其他孩子，或者在孩子面前过于表述金钱的重要性，都有可能引起孩子的攀比心理以及欲望膨胀，久而久之就会产生强烈的虚荣心，如果不及时遏制还有可能导致孩子产生错误的价值观。

孩子一旦产生了虚荣心，往往会自恃过高、盲目追随潮流；不能接受别人的批评或是否定；不能接受别人比自己好或者拥有比自己好的东西的现实；条件优越的孩子会看不起条件不好的孩子，条件不好的孩子也可能产生自卑心理。总之孩子的虚荣心既会伤害自己，也会伤害旁人，家长一定要慎重对待。

那么，当家长发现孩子产生了虚荣心时，该如何解决呢？

### 1. 以身作则

父母对孩子的影响是潜移默化的。所以家长不仅要多和孩子摆事实、讲道理，告诉孩子优越的物质条件是要通过自己的努力获取的，且物质条件是不应该被用来攀比的；还要以身作则，不要在孩子面前表现虚荣心，也尽量剔除自己的攀比心理，以免孩子模仿而形成不好的习惯。

### 2. 帮助孩子树立正确的价值观

任何习惯的养成都是长期的，改正更不是能够一蹴而就的事情。孩子的虚荣心也不例外。所以，父母应该密切关注孩子的心理变化，一旦发现孩子出现了虚荣心的迹象，必须立刻进行教育，及时让孩子对事情有正确的判断、产生正确的价值观。

## 细节 39：　正确对待孩子 "发脾气"

元旦的时候，祺祺妈请了几个好朋友来家里吃饭，几家人拖家带口热热闹闹的聚在一起，整个家里充满了欢声笑语，直到夜幕降临，朋友们才相继离去。

收拾完家里的残羹剩饭，妈妈准备哄祺祺睡觉时，却发现她闷闷地坐在沙发的角落里，撅着嘴似乎在生闷气。

"祺祺，你这是怎么了？"

"妈妈是坏人。"祺祺莫名其妙地哭了起来，"呜……你们，都是坏人。"

"祺祺这是怎么了？"妈妈扭头去问身后的祺祺爸，爸爸摇摇头，表示不知道，还很不客气的说道："准是闹脾气呢，别理她，小小年纪就这么大的脾气，都是惯出来的。"

"哇……爸爸也是坏人！"听到这话的祺祺哭得更伤心了，哭着哭着，竟然还在沙发上打起滚来。

祺祺爸忙了一天，现在早累得想发火了，看见女儿这样胡闹，不管三七二十一，一巴掌就打在了她的屁股上，并吼道："快去睡觉，不准哭。"

"还没问清楚原因呢，你怎么就动手打孩子了，去去去，你回屋睡觉去吧。"妈妈生气的把爸爸赶回了卧室，然后抱着祺祺哄了半天，才听祺祺说："他们说我长得又丑又矮，我很生气，可不知道该气谁。"

孩子的心理是脆弱而敏感的，他们会为喂鸽子吃食而兴奋，也会因为周围小朋友的一句贬损的话而伤心，也正因此，其情绪才会变化多端，让家长有种应付不及的感觉。如果赶上家长正在忙或烦心，孩子还可能再受到一顿批评。生活中，家长的情绪也有起起落落的时候，更何况孩子呢？因此，家长应及时了解孩子情绪变化的原因，对症下药才能收到事半功倍之效。更要注意的是，孩子还小，即使家长教会孩子管理自己的不良情绪，也很难立竿见影，还需要家长帮助孩子找到合适的情绪宣泄口，即给孩子一个发泄情绪的机会。

### 1. 理解孩子的心情

祺祺妈听后，才知道原来是今天吃饭的时候，小伙伴们的话伤到她了啊。在知道真相后，轻轻地拍着她的背，温柔地说道："宝贝不知道向谁发火，就朝妈妈发火吧，妈妈来当祺祺的出气筒，怎么样?"

"不要。"祺祺突然一把抱住妈妈的脖子，一脸心疼地说道："我不要妈妈伤心难过。"

知女莫若母，祺祺妈把丈夫赶一边去后，用自己的耐心和亲情化解了祺祺的烦恼。祺祺妈理解孩子的做法，让孩子的紧张、不满情绪得到极大的纾解，而孩子也会更感激妈妈，亲子关系更加融洽。

### 2. 允许孩子适当发脾气

当孩子心里真有不痛快时，家长也可以让他痛痛快快地发泄一次，当然前提是不能骂人伤人也不能毁坏物品了。让孩子能发泄脾气的方式有很多，比如大喊大叫几声，拿市面上流行的发泄球、拳击球出气都是不错的办法。

### 3. 转移孩子注意力，制造其他"兴趣"。

艾米最近发现儿子的情绪有些不对劲，总是莫名其妙的和身边的人闹别扭，好像心里有什么东西，想发泄又找不到发泄的地方。

艾米怕儿子真的遇到什么难题了，就在这天晚上把儿子叫到了身边，问他："儿子，你最近怎么了? 好像脾气很不好。"

"没什么。"儿子撅着嘴，把脸撇到了一边，明显是有什么。

"不要对妈妈说谎，你告诉妈妈发生了什么事，妈妈帮你出出主意，好吗?"

"妈妈也帮不了我的。"儿子一时着急，吐出了真言。

妈妈微笑着对他说："还是有什么事儿吧。妈妈会认真听的，告诉妈妈好不好?"

"……学校里，"儿子沉默了一会儿，终于开口了，"不开心。"

"这样啊，那我们就想点开心的事情怎么样?"妈妈提议，"想一想，学校里发生的开心事，说不定，就能让你忘记那些不开心的事情啊。"

"真的吗?"儿子像终于找到了救命草一样，眨着眼睛问道。

妈妈点点头，说："当然是真的，妈妈不开心的时候，就会想一些开心的事情，这样，心情就会好多了。"

儿子听完，开心地点了点头，对她说："那我和妈妈讲一讲学校里好玩的事情，好不好?"

"当然好，妈妈会认真听你说的。"妈妈重重地点点头，心里暗笑：终于把你的不良情绪转移走了吧。

艾米在和孩子的交流中，巧妙地转移了孩子的注意力，这就将他的不良情绪消解不少，更重要的是，她教会了孩子应对自己不良情绪的方法：多想想令人快乐的事情，把坏事忘掉。

# 细节40：父母怎样应对情绪变化大的孩子

六岁的儿子太淘气，太难管教，让爸爸妈妈十分头疼，每每看到儿子，都会无力的说道："儿子，你到底能不能听话点？"

儿子却完全不听这些话，反而一遇到事情，就会被情绪所左右，忽哭忽笑，爸爸妈妈都不知道拿他怎么办了。

这一天，妈妈做了儿子最爱吃的蒸蛋，儿子高兴地在妈妈脸上亲了一口，甜甜地说道："妈妈，我最爱你了。"

"那就听点话，别让妈妈总伤心。"

"嗯嗯，我听话。"儿子拿勺子挖了一口送进嘴里，却没想到蛋还没凉，舌头被烫的生疼，哇的一声就哭了出来，"妈妈讨厌，最讨厌妈妈了。"

高兴了怎么都好说，不高兴了就闹人，妈妈一阵心烦，下一刻，叉着腰立在儿子跟前，大声说："刚不是还说会听话吗？现在哭什么？不准哭，听话的孩子都不哭。"

"不要，不要……"可儿子早忘了之前说过的话，越哭越伤心，最后竟然坐在地上打起滚来，妈妈气得真想胖揍他一顿。

孩子的情绪化行为常常让家长们感觉挠头：这孩子太难管了，遇点事儿就闹腾起来，虽然年级小但也不能这么由着他来吧！是的，无论是六七岁的孩子，还是十来岁的孩子，他们都明白些了事理，有时候明知自己不应该情绪化闹脾气，但还是控制不了自己。

专家认为，这说明家长需要对孩子加强冷静理智方面的教育了，它们是孩子性格塑造中的"安全带"，能减少孩子的情绪化盲动行为，还能帮助孩子趋利避害，更好地保护自己。值得一提的是，当孩子尝试着以这种类似成人的眼光看问题时，会得出和父母相近的观点，这会让他产生"我长大一些了"的自豪感，对他的品性的塑造有很好的帮助。

那么，如何教孩子能遇事冷静理智，不再慌乱失态呢？这要分别从冷静、理智两个角度入手培养孩子。

### 1. 教孩子遇事冷静

小肖是一名10岁的男生，最近他有些苦恼，经常面带愁容，一副没精打采的样子。

"儿子，你最近怎么了？很没精神啊。"爸爸也注意到了儿子的异样，周末的时候就抽出点时间，来到儿子房间，想和他谈谈心。

儿子先是回答没什么事，爸爸笑呵呵地坐到了他旁边，说道："没事咱们就谈谈心，爸爸很久没和你谈心了，有很多烦心事啊。"

"爸爸也有烦心事？"

"咦？你刚不是说没事吗？"

"我……"

"不相信爸爸吗？来和爸爸讲讲，好吗？"爸爸笑道。

儿子这才支支吾吾地说道："我最近，总是控制不住自己的情绪，好像很经受不住打击，稍微有点挫折就开始乱发脾气了。"

"这样啊，那你要学着让自己冷静一点了，首先你要做到，遇事不惊。"

"遇事不惊？"

"对，不管遇到什么事情，先试着让自己平静下来，如果感觉控制不住自己的脾气，试着深呼吸几次看看，只要能让自己的情绪逐渐冷静下来，你的理智就会回来，这时候，就不那么容易生气发脾气了。"

"好像有些道理。"儿子拖腮想了想，郑重地点了点头，说道："爸爸，谢谢你，下次再不开心的时候，我一定会试试您说的这个方法的。"

"嗯，再有什么疑问随时可以来找爸爸谈谈，好吗？"

"嗯。一定！"看着儿子的脸上重新挂上了笑容，爸爸也就不再担心了，剩下的，就看儿子自己的了。

当小肖遇到难题时，他的父亲通过婉转的方法引导孩子吐露了心声，然后教给孩子一个很实用的遇事冷静的方法：深呼吸，通过呼吸能改善孩子的生理应激反应，让孩子激动的情绪逐渐平稳下来。当然，还有不少方法也都能起到相同的效果，比如，先走开一会，脱离当时的环境，也有助于让自己冷静下来；心里默念"冷静冷静，我能冷静下来"，这种心理暗示方法效果也不错。

**2. 理智分析事情，找出解决方法**

家长应教给孩子，情绪平稳下来后，还要找出面前难题的解答方法，解决掉这个问题，不但能提高孩子的自信心，激励他们迎难而上，还有助于他们以后遇事更加冷静沉着。不同的问题有不同的解决方法，在刚开始时，家长可以和孩子一起去攻克难题，并及时总结经验，然后逐渐放手让孩子大胆尝试。

# 细节41： 鼓励孩子对事物提出自己的疑问

很多时候，孩子们是充满求知欲、好奇心的，他们会不断提出"这是为什么"、"那是什么"等问题，这实际上就是他们勇于质疑的表现。可是，当孩子对某句话、某件事提出质疑时，许多家长并没有及时作出回应，而是不停地告诉孩子要"听话"，不要挑战权威。

然而，孩子们正处于最富创造力和进取心的时期，此时家长若不给他质疑的勇气，孩子很可能永远被习以为常的惯例所禁锢。所以，为了让孩子真正学会创新，拓宽自己展现自我的舞台，家长应从小注意引导孩子勇敢质疑，具体方法如下：

**1. 巧用自己的小错误引导孩子质疑"权威"**

许多家长都希望自己的孩子乖巧听话，可在这个过程中，家长的指导、管束或者监督，往往让孩子觉得，家长和老师、教科书一样，代表着一种权威。于是，孩子可能会对家长的话深信不疑。可实际上，谁都有说错话、做错事的时候。所以，要让孩子敢于质疑，家长就应通过身边一些小事让孩子明白，"权威"的言行举止也不一定完全正确。

**2. 多给孩子一些自由表达的空间和机会**

孩子的言行若常常受家长的严格控制，久而久之，他会因害怕"权威"而不敢自由表达心中所想，进而不敢对别人的言行提出质疑。所以，要让孩子充满活力，要让他勇于质疑、大胆创新，家长就应给时常给孩子创造自由表达、独立思考的机会。

比如，平时生活中，家长可以和孩子一起开展"家庭辩论"活动。活动开始前，家长应和孩子商量确定一些辩论议题，辩论开始后，他们可以分别阐述自己的观点，然后就对方的某些观点对其提问。这样不仅能引导孩子多提问，多质疑别人的想法，还能锻炼他的口才和独立思考的能力。

# 第五章

## 让孩子成为社交达人的16个交际方法

爱尔兰大文豪萧伯纳曾说："你有一个苹果，我有一个苹果，彼此交换，每人只有一个苹果。你有一种思想，我有一种思想，彼此交换，每个人就有了两种思想。"此话是告诉人们，学会合作，就会拥有更强大的力量，在与人合作的过程中，每个人都可以借助他人的力量与智慧，实现自我超越。

# 细节42：如何让害羞认生的孩子大胆起来

小男孩路泽今年6岁了，却仍然像小时候一样腼腆，平时很容易害羞，也比较怕生。刚上小学的他，很少和那些新同学说话，上课也不敢发言，害怕小学里的老师会批评他。有时老师向他提问，他站起来后要么说话结结巴巴，要么低着头一声不吭。

在家里或外出游玩，小路泽似乎也表现得很害羞，不好意思和同龄的小朋友一起玩，别人开开心心地拉他一起去玩，他可能还会躲在爸妈身后，甚至不敢正眼对方。

一次，妈妈带路泽去游乐场玩，在那里遇到了许多和路泽同龄的小朋友。后来，他们坐在一条长椅上休息的时候，离他们很近的一个小女孩跑过来，想和路泽一起玩她刚买的小玩具。结果，路泽一声不吭，只轻轻摇了下头，然后就开始往妈妈身后躲。

看到这种情形，妈妈开始担心：男孩子这么害羞怕生，以后长大了可怎么办，怎么建立良好的人际关系，会不会受人欺负呢？想到这些，妈妈觉得必须赶快行动起来，帮路泽改掉害羞怕生的各种不良行为，否则他可能会面临严重的人际交往难题。

孩子害羞怕生，这是一种比较常见的现象，主要表现为逃避社交场合，不善与人沟通交往，在陌生人面前或公共场合里不敢表达自己的想法、情感，容易出现紧张不安甚至恐惧的心理。长期如此，孩子就会出现内向、胆小、没有主见等多种不良性格特点，他正常的社会交往活动也会受到影响，甚至会患上社交恐惧症。

可是，很多家长都感到疑惑，为什么孩子会害羞怕生呢？一般来说，孩子害羞怕生的原因这样几种：

### 1. 遗传因素

有些孩子从婴儿时期开始就比较敏感，这可能是母亲怀胎时身体与心理压力过重造成的，同时父母本身的性格内向、腼腆，少与人交往，孩子也会适当遗传他们的这种性格特点。

### 2. 父母的教育方式

孩子从小接受的教育也会影响其性格、行为习惯的变化，比如小时候受过父母或外人的吓唬，或常常被父母奚落甚至打骂，他就会慢慢产生害羞怕生的情结。

### 3. 孩子曾经的不愉快经历

孩子童年时，若家庭遭遇较大变故或有过一些很不愉快的经历，如父母离异、朋友的伤害、家人去世等，这会使他失去较多来自家人、朋友的鼓励与支持，渐渐地他就会失去与人交往的勇气。

### 4. 缺乏自信心

缺乏自信心的孩子，往往也会选择以逃避、退缩等方式来掩饰社会交往技巧不佳、容易害怕、羞愧等的弱点。

### 5. 缺乏交往互动机会

孩子长期处于拘束甚至孤立、被隔离的环境中，无形之中就会缺乏与其他小朋友交流互动的机会，再加上许多父母对孩子的事情大包大揽，不给他独立参与社会生活、与他人交往的机会，那他就会慢慢产生害羞怕生的倾向。

总之，孩子害羞怕生的原因有多种，家长应该从多方面分析考虑，然后有针对性地采取措施改变其不良行为。具体而言，家长可选择使用以下方法：

### 1. 避免孩子受惊吓

对于生性内向、胆小、害羞，或缺乏安全感的孩子，家长应先试着培养其对环境的适应能力，要循序渐进地改变其害羞怕生的各种行为。这个过程中，如果孩子还不熟悉当前所处的生活环境和人际交往环境，家长应尽可能避免陌生人接近他，以免他受到惊吓。

### 2. 从小鼓励孩子走出家门，主动交友

孩子的腼腆、害羞的性格是可以被塑造的，所以不愿与人交往、在公共场合退缩不前等不良行为也是可以被改变的。一般来说，家长从小鼓励孩子走出家门，与其他小朋友一起活动，让他多接触性格活泼、开朗的人，他自己也会慢慢变得大胆开朗起来。

比如，周末的时候，家长可以多带孩子去公园、体育场玩，或让他和同学一起

做功课、踢球、跳绳等，慢慢地孩子就会适应与他人一起进行各项活动的生活，今后再扩大人际交往的范围，其心里的紧张感也会减少很多。

### 3. 多为孩子加油打气

孩子出现害羞怕生的情况时，家长千万不能过分指责他，不能当众给他难堪，否则孩子不仅会更加自卑，还会对家长产生厌恶或畏惧心理。所以，不论孩子的表现如何，家长时常鼓励他，为他加油打气，这是帮他建立自信心以达到事半功倍效果的最佳方法之一。

### 4. 家长要敞开心扉，与孩子多交流

孩子容易害羞，可能是受到了家长某些行为的影响，比如家长平时很少与孩子交流沟通，在家时常常表现得很严肃，让孩子产生畏惧感。

所以，要改变孩子害羞怕生的习惯，家长自己首先要敞开心扉，要提高沟通、表达能力，以开朗的姿态与孩子轻松愉快地交流。在此过程中，家长还可利用故事书中的内容吸引孩子的注意力，让他有耐心与你沟通。

## 细节 43：让孩子学会礼貌待人

蒋先生的女儿萌萌非常聪明伶俐，正在读小学五年级的她成绩优异，但对待周围同学却十分冷漠、刻薄，与人交流时常常语中带刺。

在很多人眼中，萌萌那种冷漠的态度、刻薄的言语，与她看上去温婉恬静的样子很不相符。正因为这样，许多同学都不喜欢和她交往，开始慢慢疏远她。

后来，蒋先生发现萌萌有说话刻薄的行为，曾找机会去劝导她，可结果是以失败告终。在和爸爸谈话时，萌萌表现得非常平静，对爸爸的话，她只寥寥数语就应付过去了。蒋先生既吃惊又无奈，他没想到自己读过那么多书，有丰富的人生经验，却被一个十来岁的小女孩"噎"得没话说。

不久前的一段时间，萌萌每天放学后都闷闷不乐的，心情不怎么好。蒋先生关心地问她："宝贝女儿，你这是怎么了，这两天看起来总是不高兴？"

蒋先生的态度很好，以为这样萌萌会对他敞开心扉。可没想到，萌萌非但没有感激爸爸对她的关心，反而用刻薄的语言回应道："没怎么，就算怎么了也不干您

的事！您不是很忙吗，今天哪来的时间管我？"

萌萌这句话让蒋先生无言以对，他只好买些好吃的东西哄她。几天后，蒋先生偶然遇到萌萌的班主任，这才得知，她是因为在学校说话有些刻薄而跟同学闹得很不愉快，那些天班里的同学大都不爱理她。

幸好，在班主任的巧妙调节下，萌萌和同学的关系已经缓和了一些，但她建议蒋先生平时也多关心萌萌，想办法和她多交流。

像故事里萌萌这样的孩子现实生活中也比比皆是。他们说话刻薄，对同学这样，对家长也是这样。

其实，导致这种现象的原因是多方面的。比如，孩子在看电视或生活中，感觉那些说话刻薄的情景比较酣畅淋漓，然后在好奇心的促使下模仿，久而久之就形成了习惯，变得忽略别人的感受、自己舒服就好；或者是孩子的自尊心比较强，以致对别人的关心敏感、多疑，从而企图以说话刻薄来伪装自己；还有可能是孩子在与人交往过程中，被别人言语刻薄对待过，因此心生不满，并且决定以相同的方式进行报复，然而达到目的后才发现，自己失去了别人的喜欢。因此，当孩子变得说话刻薄时，家长应针对不同原因采取不同的教育方式。

### 1. 让孩子明白哪些行为是不能模仿的

对新鲜有趣的事物好奇是孩子的天性，所以孩子进行模仿也是可以理解的，家长不必过于介怀，只要向孩子讲明哪些行为可以模仿、哪些不可以模仿即可。此外，还要讲明模仿那些坏行为的不良后果，比如，告诉孩子说话刻薄会引起身边人对自己的疏远等。

### 2. 教孩子勇于接受自己的不足

家长应在日常生活中向孩子传达正确看待挫折和失败的思想，让孩子勇敢接受自己的不足，告诉孩子，即使成年人也会遇见各种问题，而逃避是不能解决的，只有正视它、接纳完整的自己，才能取得进步，从而完善自己。另外，家长还应告诉孩子，对待别人的关心不要过于敏感，几乎没有谁是真正看他笑话的，关心就是关心，不能凭借自己的意志扭曲，同时也要告诉孩子，当别人遇到挫折时，不能看别人笑话。

### 3. 让孩子学会应付冲突

家长应该告诉孩子，被言语刻薄这种不良行为伤害时除去以牙还牙地报复外，还有很多种方式可以解决问题，比如，明确告诉那个小朋友这样做是不对的，然后避而远之，等他认识到自己的错误并予以改正后再和他交谈等。

# 细节44：如何让"小霸王"变得乖巧起来

小志志是个淘气、爱惹事的男孩子，每天出门不是和人打架了，就是把谁家的孩子给欺负了，因为他，父母几乎天天都会向人赔罪、道歉。

"志志，欺负人是不对的，你知道吗？"每天小志志家里都会上演这么一幕"苦口婆心"的教育戏码，但志志就是改正不了小霸王的毛病。

今天今晚，妈妈刚准备去做晚饭，志志放学回家了，他身后还跟着怒气冲冲的班主任。

"志志把班里同学给打了，还是三个。"班主任开门见山的说道。

"这……老师，真是对不起，我一定会好好管教他的。"妈妈连忙低下了头，心里想着，既然老师都上门了，看来这次的情况比较严重，难道是把三个孩子打的厉害了？天哪，这可怎么办？妈妈不安的抬起头，听老师讲起详细的情况。

"虽然三个孩子都住进了医院，但幸好都没大伤，不过班里的学生现在都很怕志志，学校决定先让志志休学在家呆一段时间……"老师寒着脸看了志志一眼。

"这个……好的，只能先这样了。"妈妈叹口气，无精打采的把老师送了出去。回来后，忍着心中的怒火，问他："儿子，你为什么在学校里打人？"

"谁让他们不听我说话。"志志还很有理，头一撇低喃道："不就是揍了两拳吗？老师也太大惊小怪了。"

"只是揍两拳？那你是不是还打算一人给一棍子？"妈妈终于忍不住，火了起来。

志志赶紧缩了缩脖子，低着头跑回了自己房间，妈妈气得饭也不煮了，从桌上拿起电话，就给志志的爸爸打了个电话。

"臭小子在哪呢？"半个小时后，满头大汗、气喘吁吁的爸爸拎着公文包闯进了家门，脱下一只鞋拎在手里，就往志志的房间走过去，"臭小子，天天在外面闯祸，看我今天不打断你的腿。"

妈妈赶紧跑过了拦住他，一场"酷刑"才没有降临到志志身上。不过爸爸这么生气的样子，志志还是第一次看到，他真的吓得心脏都快跳出来了。

妈妈见儿子害怕了，就趁机说道："爸爸要打人，是不是觉得很害怕？"

"嗯。"志志轻点了下头，妈妈又继续问："有没有觉得，爸爸的行为是不对的？"

"……"迟疑了一下，志志怯怯地问妈妈："能打架不是一件很勇敢的行为吗？爸爸说过，这世界上只有两种人，一种是强者，一种是弱者。我想做强大的人，所以不是必须要学会打架吗？"

"但是强者的目的是保护弱者，而不是欺负他们。所以，一个强大的人，是不屑于靠打架让别人承认他的强大的。"妈妈严肃的对他说。

"……"志志听了妈妈的话后，低下头不再说话，妈妈摸着他的头说："所以说，儿子，你一定要记住，打架是不对的。"

家长可能发现，孩子在上幼儿班时经常出现打架等情况。对此，相关专家表示，长辈对孩子事事顺从有可能引发孩子的行为问题；但更为重要的诱因是家长对孩子的教育方法，尤其是孩子处在性格形成期时，倘若家长的教育方法不当，就极有可能引发孩子的行为问题。

以故事中的小志志为例，爸爸在告诉他关于强者和弱者时没有具体讲明两者的概念，因此小志志产生了错误理解，所以经常打架就是为证明自己是强者。故事结尾妈妈的解决方法是比较不错的选择。她在拦住爸爸打小志志后迅速转换思路，利用眼前的例子向小志志讲述打架的坏处，从而得到了理想的效果。对此，家长也可以采用如下方法避免孩子出现"小霸王"的行为问题。

### 1. 让孩子产生守规矩的意识

其实，所谓的"小霸王"本质并不坏，他们只是逆反心理严重，还喜欢按照自己的意志做事，当别人不顺从时就采取一些比较暴力的方式解决。针对孩子的这种行为，父母最好先带孩子去一些需要守规矩的场所，比如游乐场，从而让孩子意识到规矩的存在，再告诉他们守规矩的好处，让孩子发自内心地认识到自己行为的不当。

### 2. 教孩子解决矛盾的方法

对于孩子的一些不良行为，苛责暴打是解决不了问题的，父母可以用生活中具体事例教育孩子。比如，当孩子和其他小朋友争论谁先从滑梯滑下时，制止就好，不要着急予以否定，事后再告诉他下次发生类似情况时可以和别人商定轮流玩耍，每人一次；另外，父母也可以在其他小朋友有不良行为时向孩子指出，并提供几种可行的解决办法。

### 3. 让孩子多做体力活动

孩子通常都静不下来，给人一种精力过盛的感觉。其实，孩子的好动也是造成行为问题的原因之一。针对这种情况，家长可以多为孩子安排一些体育活动，让孩子旺盛的精力在不产生不良影响的情况下发泄，比如，踢足球；家长还可以适当地让孩子做一些力所能及的家务，这样就既可以消耗孩子的精力，还够教会孩子基本的生活技能；另外，陶冶孩子的情操也是比较不错的方法，比如，让孩子读书、听音乐、观察小动物等。

# 细节45：教孩子学会与人分享

上美术课的时候，奇奇正在认真"创作"自己作品的时候，同桌小朋用胳膊撞了撞他。

"做什么？"奇奇被撞后一不小心在画纸上多画了一道，整张画瞬间变得难看了很多，他不高兴地撅起了嘴，埋怨的瞪了小朋一眼。

小朋不好意思地笑了笑，一边道歉一边对他说："奇奇，借你红色的画笔用一下，我的用完了。"

"不给，我一会儿也要用呢。"奇奇不答应。

小朋继续央求道："我就用一下，马上会还给你的。"

"那也不行。"奇奇摇头。

"真的只用一丁点就行了，要不然，我告诉你涂哪，你帮我涂上去？"小朋以为他是对自己不放心，便提议。

谁知道奇奇还是不乐意，伸手护住自己的画笔使劲摇着头，"不让就是不让。"

"切！真小气。不用就不用。"小朋见他把画笔当成宝贝一样，就是不让自己用，也懒得再和他磨嘴皮子，转头和身后的同学借了红色的画笔涂在了自己的画纸上。

奇奇哼了一声，低头又画起自己的画来。

叮铃……

下课铃响了，同学们陆续把画画的工具收了起来，准备上下一节课。下节课是数学，前面两位同学都忘记带数学课本，便想和小朋借过来一本，让小朋和奇奇合用一本。

小朋觉得同学之间互相帮助是应该的，便痛快的答应了下来，但奇奇却不同意，抬起头说道："课本是我的，为什么要和你们一块用。"

"只是一块看一下，我不会在你课本上乱写乱画的。"小朋解释道。

但奇奇仍觉得不妥，就是不同意。

小朋看了他一眼，鄙夷地说道："切！真是没见过你这么小气的人，合用一本书竟然都不让，真是个吝啬鬼！"

"我的东西，凭什么让你用。"奇奇也争辩道。

"我又不会一直用，就上节课而已，这都不行？"

"不行，就是不行！"奇奇大声说道。

"切！"小朋转身走出了教室，向邻班的好朋友借书去了。

从那以后，学校里渐渐都知道奇奇的大名了，当然，大家不会叫他的名字，而是叫他吝啬奇！

故事中的奇奇不借小朋画笔、不与小朋共看一本数学课本，让奇奇在同学眼中成为不受欢迎的吝啬奇。其实，奇奇的这种行为与品质无关，奇奇表现的只是每个人身上或多或少都会有的自私而已。其实，当家长看见孩子的吝啬行为时，不需要过度担忧，孩子只是习惯了家中的独享权而已，没人争，没人抢，觉得什么都是自己的，因而不懂得与人分享。面对孩子这种自然发育中的现象，家长只要选择适当的方法纠正就可以了，但切忌当众指责。

### 1. 取消孩子的独享权

日常生活中，家长应避免将好吃的菜、好的水果等让孩子先吃、先选的行为，因为这样会滋生孩子的独享心理。所以，当家长准备食物的时候，应当每人一份，让孩子觉得自己与旁人没有差别，从而逐渐形成共享意识。当孩子习惯以后，再将这种方法拓展到其他长辈身上，比如可以经常让孩子给爷爷奶奶送一些食物，并及时表扬，让孩子得到继续这样做的动力。时间久了以后，吝啬的行为自然得到改善。

## 2. 告诉孩子与人共享的好处

经常让孩子和其他小朋友一起玩，并且教导孩子如果大家把自己的东西拿出来放在一起，那么每个人就都可以获得更多，比如，小朋友都把自己的玩具拿出来分享，就可以玩到许多自己没有的。总之，家长一定要让孩子亲身体会到共享的好处，久之，孩子自然就会避免吝啬的行为。

## 3. 鼓励孩子帮助有困难的人

家长还可以将孩子的共享意识升华至所有身边的人，甚至社会，教育孩子去帮助那些有困难以及需要帮助的人。比如，家长可以鼓励孩子将那些玩腻的玩具，或者没有穿很长时间就已经变小的衣服寄到贫困山区；也可以鼓励孩子去做一些力所能及的公益事情，比如，帮助孤寡老人做一些力所能及的家务以激发孩子的爱心。这些事情都可以让孩子体会到与人分享和帮助人的快乐，从而告别小气、吝啬。

值得注意的是，当孩子做出这些共享举动时，家长一定要给予适度的表扬，只有孩子得到继续做的动力时，孩子才会持之以恒，从而摆脱吝啬的习惯，逐渐融入社会这个大环境。

# 细节 46：家长如何面对孩子的"人来疯"现象

4 岁的智智是个乖巧听话的好孩子。不管是在家里还是在外面，他都非常的懂礼貌，从来不大声吵闹，也不惹是生非，让父母十分的省心。

这天是周末，智智家来了不少客人，大家欢聚一堂，有说有笑，玩得不亦乐乎。但是平时十分乖巧的智智却在这个时候出了状况。他突然跑到人堆儿里，一会儿推推这个人，一会儿拍拍那个人，既像是在和大家玩，又像是在捣乱。

"智智，叔叔阿姨们在聊天，你先去一边玩。"妈妈怕他惹事，便把他叫到了一旁，想让他安静一会儿，可一向懂礼貌的他却突然扮起了鬼脸，不停的朝妈妈吐着舌头。

"智智，你这是在做什么？"妈妈皱着眉头问。

智智却像匹脱缰的野马眨眼的工夫又跑向了人群里，四处胡闹。

而且他竟然还掀起了女客人的裙子，听到女客人的尖叫声后，他也跟着大喊大叫起来。妈妈为了抓住他，在人群里跑来跑去，他也在人群里躲来躲去，整个场面糟糕透了。

妈妈觉得面子都丢光了，提了扫帚发誓一定要抓住儿子，打断他的腿。客人们连忙劝她，又都她教育智智，可智智却更加胡闹了，真的把妈妈气坏了。

见此光景，客人们也不好再多做停留，又聊了两句后，连饭都没吃就纷纷离去。妈妈逮住智智，问他："为什么要捣乱？"

智智低下头，小声回答道："对不起。"

妈妈左看看，右看看，发现智智又变回了以前那个乖巧听话的好孩子。这是怎么一回事呢？难道是刚才自己眼花了？做了一场梦？

可是后来，智智妈发现，自己没有眼花，也没有做梦，儿子就是一个人来疯，只要是家里有客人来，或者是带他去比较热闹的地方后，他就会变得十分淘气，东窜西跑，不停的惹祸。只要人一散，他就又变回原来的样子了。

这是怎么一回事呢？

有的家长会发现，平时孩子在家里很乖，可是来了同事、朋友后，孩子就会变样了。经常在客人面前表现，看电视频繁换台，缠着客人说东说西，或者做其他不合时宜的事情，而且是，家里客人越多，孩子越不听话。这让家长很没有面子，让客人也觉得难堪。这就是孩子的"人来疯"问题。而家长呢，往往会当场批评孩子不要这么做，但事后对于如何对症下药并不注意。

其实，孩子出现这种情况，是因为有强烈的表现欲。不少家长因为工作忙，平时很少带孩子聚会或者请朋友来家玩，当家里来了客人，孩子就会很高兴，甚至是采取各种手段引起家长和客人的注意和认可，却往往适得其反。教育专家认为，孩子的心理动机其实是好的，他们希望得到成人的认可和赞扬，以获得成就感，并对社交往往有很大的兴趣，对于这些，家长是应该鼓励的。

还有一种情况，就是客人给孩子带来的是一种新鲜刺激，更何况客人都会夸奖孩子一番，因此，孩子会特别高兴，而他们的神经系统的抑制功能还没有发育完善，这也导致孩子想在客人面前表现自己。

但是，如何在不影响孩子的心理的情况下，改变其人来疯的不良行为呢？

### 1. 让孩子用行为表现自己的礼貌

在孩子人来疯时，家长不宜直接批评孩子，以免损害其自尊心和欢乐的气氛。

家长可以给孩子展示自己的机会，让他适当参与进来，比如让孩子给客人倒茶、拿烟灰缸，或者是摆好客人的鞋子、挂起来他们的衣服和包包等，并及时给予表扬，以满足其心理需要。同时，家长将孩子悄悄地拉到一边，告诉他哪些行为是不正确的，不能做的，会引起别人的反感，让孩子明白做事的界限。

### 2. 将孩子从客人身边引开

家长可以在孩子适当表现后，用孩子感兴趣的事情将其引开，比如，对他说"你可以去玩电脑游戏""如果听话，爸爸会在下周末带你去游乐园玩"等等。

## ▲ 细节47：让孩子学会微笑待人

志标和玄玄都是八岁的男孩，今天，他们在父母的聚会上相识了，脾性相投的两个人很快就玩到了一起，你一言我一语，讲着身边发生的有趣事。

两家父母见两个孩子玩得这么开心，就把他们扔在了一边，自己去和好久不见的朋友们聊天去了。

可没过多久，两对父母就听到了志标和玄玄大声争吵的声音。先是志标朝玄玄吐了吐舌头，一副十分鄙视他的样子，玄玄似乎很生气，看见旁边摆着几块蛋糕，抓起来就扔向了他。结果志标头上身上全是蛋糕污渍。

"你这个笨蛋，明明就是我说对了，竟然吐我！"玄玄很不服气地瞪着他。

志标一边抖落身上的蛋糕，一边气急败坏地说道："我的答案才是最准确的，你那是胡说八道。"

两个孩子各执己见，当两边父母跑过去的时候，两个孩子都动上手，快掐起来了。父母也不问到底是什么原因，先把两个孩子分开，各自训斥了一遍，相互道歉后，拉着自家孩子回家去了。

这个故事中，先不管孩子的行为到底对不对，首先父母的解决之道就有些问题。当孩子与为相处发生争执时，父母应该问清楚事情发生的经过，再根据孩子的诉说想到最合适的解决办法，而不是匆匆道歉，各回各家就结束了。

八九岁的孩子还不善于控制自己的情绪，遇到不顺心事情，很可能会出现发脾气、哭闹、打骂等不理智的行为。父母该怎么做，才能让孩子和平的与他人相处呢？

### 1. 微笑法则，永不落伍

在社会中，人们最美丽的表情就是微笑。微笑不仅能使孩子心情愉快，还能消除疲劳感。当孩子走在大街上，看到的都是笑脸的话，相信他的心情一定会变得很舒畅，不管遇到什么不快，都能在此刻将它赶跑。

而且，在与人的相处中，微笑代表着认可、好感与接纳。在孩子的性格还不完善时，如果父母教会孩子不管在任何时候先对他人微笑，他一定能建立起和谐的人际关系。

在教孩子笑对他人的时候，父母要把笑的好处清楚地告诉孩子，让他知道，笑的魅力是世界上事物都无法相比的。

当然，父母也可以告诉孩子，当孩子的朋友发生不愉快的时候时，孩子也可以对笑容感染对方，让对方在孩子的微笑中得到快乐，继而疏解心里的烦闷，重新拾取快乐的心情。这样做，不仅朋友得到了快乐，孩子也有可能收获意想不到的回报。比如，一份珍贵的友谊。

### 2. 教孩子让人快乐的技巧，如会说笑话、会关心人

灿灿的好朋友文文最近很不开心，因为最疼爱她的奶奶过世了，这让文文十分痛苦，每天眼睛都哭得又红又肿，灿灿很是担心，想为好朋友做点什么，但又不知道应该做些什么。

灿灿去问妈妈，妈妈说："那你就多陪陪她，多对她笑，她不开心的时候就哄她开心，她难过的时候就逗她笑一笑。"

"那她要是想哭呢？"灿灿一想起文文这几天红肿的眼睛就难受，怎么才能让她不再哭呢？

"那你就让她哭出来吧。"

"啊？"灿灿以为自己听错了，不解地问："让她继续哭？"

"对，再哭一次，这次之后，就只能笑了，因为人活着，必须要笑对人生！"

"妈妈，你这话好酷哦。我这就去找文文。"灿灿吧唧在妈妈脸上亲了一口，兴冲冲的跑出家门，去找文文了。这一次，她一定要让文文笑出来，打从心眼里，笑出来。

可见，父母不仅要教会孩子自己如何去笑对人生，还应把如何用微笑去帮助他

人的技巧教给孩子。当孩子身边的朋友感到失落、难过时，他就可以用这些方法，使朋友重新开心起来，让朋友间的友谊更加亲密。

# 细节 48：如何让孩子谦虚做人

9 岁的薇薇是个很有音乐天赋的女孩，歌唱得好，钢琴也弹得非常棒，凡是听过她唱歌、看过她弹琴的人，无一不对其大加赞赏。

很长一段时间里，妈妈带薇薇外出或去别人家做客，常常会听到许多赞美女儿的话。

"你女儿真聪明，将来肯定是个艺术家！"

"哇，你女儿太漂亮了，还这么有才华！"

"你家女儿真棒，真让人羡慕，要是我也有这样一个女儿就好了！"

"真是百闻不如一见，你女儿果然多才多艺，你真是好福气啊！"

……

听到这样的话，薇薇的妈妈心里当然是美滋滋的。可她没想到，在过多的表扬声中，薇薇竟渐渐骄傲起来，越来越不懂得谦虚，有点得意忘形，有时还刻意贬低别人。

一次，薇薇去上钢琴课，有个同学因进步比较快，被老师表扬了。回家之后，薇薇就一脸蔑视地说："妍妍弹得那么烂，我都快听不下去了，老师居然还说她进步快，真不知道她们是怎么想的。"

"谦虚使人进步，骄傲使人落后"，薇薇的妈妈很清楚这一点。所以，她决定想办法改变薇薇骄傲自满的心态，让她明白只有谦虚谨慎的人，才能看清自己，看清别人，并博采众长，在"百尺竿头"上更进一步。

爱因斯坦一生都在不断学习、研究，他坚持活到老学到老。后来有位年轻人问他："您老已经取得如此巨大的成就，何必还要孜孜不倦地学习呢？"爱因斯坦没有直接回答年轻人，而是拿笔画了一个大圆和小圆，并告诉他："科学知识是无边无际的。目前我所知的可能比你略多一点，正如我是这个大圆，你是这个小圆。小圆的周长小，接触未知领域的面积就小，自己能感受到未知事物的范围小；而大圆与外界的接触面很大，所以会感到自己未知的东西更多，会更努力去探索。"

所以，针对故事中的薇薇，妈妈就可以给薇薇讲这个故事，并且告诉她，伟大如爱因斯坦都终生谦虚学习，她又怎么能骄傲呢？还有，家长也应教育孩子，当别人取得进步时不要不屑或者嫉妒，而是应该真心为别人高兴并且加倍努力。总之，在孩子缺乏认知世界的能力和自我控制能力的时候，家长可以以培养孩子谦虚的品质为主。

### 1. 让孩子认识到骄傲自满的危害

家长要让孩子知道，骄傲的人是不会有人喜欢的；还要告诉孩子，骄傲的人通常看不到自己的不足，而且在别人在指正自己时还会不屑一顾，甚至反感，这样就有可能因为过度孤芳自赏，而对事物失去应有的评判，最终不进则退。

### 2. 对孩子的表扬要适可而止

家长对孩子表现好的地方提出表扬是应该的，但一定要适度。另外，当身边的人都夸赞孩子时，家长就要小心了，因为这样很可能会导致孩子变得骄傲，此时，家长要对孩子给予客观的评价，可以适当地"泼冷水"。

### 3. 让孩子虚心接受别人善意的批评建议

孔子有言：有则改之，无则加勉。所以，家长一定要教育孩子虚心接受别人的批评建议，然后全面审视自己，假如别人指出的的确是自己的不足就要欣然接受，并且改正，从而不断完善自己。除此之外，家长还可以经常和孩子分享名人的故事，让孩子对谦虚产生深刻的认识。

## ▲ 细节49：让孩子有团队合作的意识

爱尔兰大文豪萧伯纳曾说："你有一个苹果，我有一个苹果，彼此交换，每人只有一个苹果。你有一种思想，我有一种思想，彼此交换，每个人就有了两种思想。"此话是告诉人们，学会合作，就会拥有更强大的力量，在与人合作的过程中，每个人都可以借助他人的力量与智慧，实现自我超越。

关于合作，有这样两首简单的童谣：一首是"一个和尚挑水喝，两个和尚抬水喝，三个和尚没水喝"；另一首是"一只蚂蚁来搬米，搬来搬去搬不起，两只蚂蚁来搬米，身体晃来又晃去，三只蚂蚁来搬米，轻松抬着进洞里"。

第一首童谣中，三个和尚没水喝，是因为他们不懂得合作，互相推诿，各自都想坐享其成，结果没有一个和尚行动起来。而第二首童谣中的三只蚂蚁，它们团结合作，相互配合，每一只都尽力贡献自己的力量，所以最终能轻轻松松地将食物抬进洞里。

通过对比两首童谣所述情况可见，合作对于达成目的是多么重要。"合作"在汉语词典中被解释为，互相配合做某事或共同完成某项任务。因此，合作代表着众人资源和才智的积聚。所以，自1994年斯蒂芬·罗宾斯提出"团队"这个概念后，团队合作迅速风靡全球。

可是现在，许多孩子都是在父母的过度溺爱下长大的"小皇帝"、"小公主"，他们没有合作的意识，习惯以自我为中心。欧洲心理学家阿德勒认为，倘若一个孩子不懂得与人合作，就会变得孤僻，甚至产生严重的自卑情绪，这将影响孩子的整个人生。

所以，父母为了孩子的美好未来着想，一定从小培养孩子的合作意识，要让孩子知道，合作可以让完成事情变得顺利，合作是一个人获得成功的必备素质。对此，父母可以参考如下方法对孩子进行教育。

### 1. 让孩子真心实意地接纳别人

孔子有言：三人行，必有我师焉。择其善者而从之，其不善者而改之。所以家长可以多给孩子讲述关于合作的故事，让孩子意识到合作能够带来的好处。让孩子明白，只有真心实意地接纳别人，才能在与人交往过程中发现自己的不足和别人的强项，从而扬长避短，共同进步。

另外，家长应该让孩子明白：金无足赤，人无完人；让孩子在日常生活中学会正确看待人的优劣势，见贤思齐，见不贤而自省。

### 2. 鼓励孩子多参加容易产生合作关系的游戏活动

家长应鼓励孩子摒弃唯我独尊的想法，融入人群，多参加一些容易产生合作关系的游戏活动，让孩子在与人合作的过程中认识到合作的必要性。比如，鼓励孩子玩篮球等。类似这样的体育活动可以让孩子亲身体会到，想要打败对手，就必须和队友密切合作。这样的法则对孩子立足社会大有益处。

### 3. 教给孩子一些合作的规则和技巧

在消除孩子与人群距离的同时，还应教孩子一些合作的规则和技巧，避免孩子因年龄小、缺乏合作经验而不知所措。

家长应告诉孩子，人与人是平等的，只有尊重别人才能得到别人的尊重，在与人交往时切忌以自我为中心、为所欲为，应礼貌相让，友好相处。当遇见矛盾时，要以大局为重，与别人商量着解决，而不是只顾自己的需求和感受，别人不满足就大吵大闹。比如，想要和其他小朋友一起做游戏时，应该有礼貌地问："我可以和你们一起玩么？"相信定然不会遭到拒绝；倘若游戏有人数规定而真的不能允许他加入时，要告诉孩子不要恼怒地与人争吵，和其他人玩就可以了。

还有，家长要教育孩子，当队友因能力不足而拖后腿的时候，不应该责怪，而是鼓励他、帮助他，互相友爱。

### 4. 教孩子处理合作中的小纠纷

人与人合作期间，往往都会有意见不统一的时候，孩子亦是，但孩子往往因为缺乏经验而争吵不休，甚至出手打架。为了避免这样的情况发生，家长应该在日常生活中教孩子一些处理合作纠纷的办法。告诉孩子在共同完成某项任务时，要根据每个人的喜好和特长而不是想当然；也可以采用一些公平又简单的方法，比如猜拳等。

## 细节50： 如何让孩子成为热情好客的人

韩女士的女儿小蕾是个活泼开朗的孩子，平时很喜欢和小朋友们一起玩，也十分热情好客。家里每次有客人到访，她都像个小主人一样，热情、礼貌地接待他们。

一次，韩女士接到老家的电话，说有位远房亲戚要到韩女士家暂住几日。小蕾听说这个消息后兴奋得不得了，大约是觉得又能表现一下自己了。

亲戚来韩女士家的那天，才刚走到楼下，小蕾就迫不及待地打开她们处在三楼的门，把头探出去大叫"阿姨"。但那时是冬季，室外温度很低，不一会儿，小蕾一边喊着"好冷啊"，一边把小脑袋缩了回去。过了一会儿，亲戚到了家门口，小蕾蹦蹦跳跳地迎上前去，拉着她往客厅沙发那儿走去。之后，她又去厨房端来已经准备好的果盘。

晚上快要吃饭的时候，韩女士在厨房做饭，小蕾怕亲戚无聊，就主动和她说笑，还给她表演节目，又是唱歌又是跳舞，逗得亲戚很开心。韩女士见小蕾如此活泼，又热情好客，她心里也很安慰。

《论语》中说，有朋自远方来，不亦乐乎。这也是在告诉人们，要对远道而来的客人表示欢迎，与老朋友见面也很开心、很愉快。

相信不只故事中的小蕾喜欢和小朋友一起玩、热情好客，日常生活中的孩子也大都如此。他们去彼此家里做客时，对方都会拿出许多食物和玩具进行招待；当父母的朋友来家里做客时使尽浑身解数讨客人开心。这样的孩子往往被许多人喜欢，但生活中也不乏一些待人冷漠的孩子。

冷漠的孩子不仅不喜欢和小朋友一起玩，家里有客人时躲在房间不出来，甚至和父母也很少沟通。对此，父母常常忧心忡忡，担心孩子长大后不能融入社会，担心他们长期孤僻、自闭，最终做出极端的事情。可是，担心于事无补，还是赶快行动起来改善孩子的冷漠行为吧。

### 1. 在家中开展"热情好客"的游戏

家长想让孩子变得热情好客的心情可以理解，但切勿操之过急，可以先从理论上教育孩子要对客人表现热情、友善的一面，不应有所选择，更不能对所有人都冷漠。并在家中开展一些小游戏，让孩子在虚拟的情景中学习如何做一个合格的小主人，比如，家长扮作主人，孩子扮作客人，家长先热情地接待孩子，进行倒水、端零食等行为，然后再表演一次冷漠的主人，让孩子从中体会客人的两种感受。之后，家长和孩子角色互换，让孩子亲身实践如何热情地接待客人。

### 2. 常带孩子去别人家做客

现在许多孩子都是独生子女，很少有同龄人陪他一起玩耍、学习，久之，便习惯沉湎在自己的世界。所以，家长应鼓励孩子多与人接触，让他在相处时和其他小朋友建立友谊。因此，家长在对孩子进行虚拟场景教育的同时，常带孩子去别人家做客，让孩子在现实生活中去体会被热情接待的心情、学习待客的方法。假如其他的小朋友也表现得冷漠时，家长就要在回家后问孩子受到冷落的感受，然后告诉孩子，己所不欲，勿施于人。下次有人再来家里做客的时候，孩子自然就会做出相应的行为表示欢迎，并拿出自己的玩具和小朋友分享。长此以往，孩子养成热情好客的习惯就是水到渠成的事情了。

### 3. 不要批评孩子的"过度热情"

6 岁的小可是个热情大方的小男孩，每次家里来客人，他都竭尽所能逗客人开心。但有时，他也会表现得过度热情，行为有点失分寸。

一个周末，小可的大表姐来他家做客，小可兴奋极了，一直缠着她玩儿。午睡后，小可发现表姐在看书，就又拉着她要玩儿，还把自己最爱吃的糖果使劲往表姐嘴里塞。表姐说："我们不能吃这么多糖，不然牙齿会坏掉的，以后就没办法再咬东西了。"小可根本不管表姐说什么，仍然不依不饶地让她吃。

这时，小可的妈妈从卧室走出来，看小可表现得过于热情，就蹲到他身边说："宝贝，你待人热情，妈妈很高兴，姐姐也很开心。但是你想想，假如你正在看自己最喜欢的动画片，这时候姐姐在一旁不停地打扰你，还强迫你吃不爱吃的东西，你会怎么样？"

小可用手摸了摸小脑袋说："我会生气的！"

"那就对了。现在你再想想，你打扰姐姐看书，又让她吃自己不喜欢的糖果，她会不会不高兴呢？"妈妈问。

妈妈这样一说，小可就明白了，他点点头说："嗯，会的！那我不打扰姐姐了，一会儿她看完书我们再玩儿。"

对于过度热情的孩子，家长最好不要批评、责骂孩子，毕竟孩子的出发点是好的，正确的方法应该是让孩子学会适可而止，如引导他换位思考，让孩子懂得"己所不欲勿施于人"。

## 细节 51： 让孩子成为有责任心的人

很多家长都有这样的体会：孩子总是大错不犯小错不断，管教起来比较头疼。于是，在孩子做错事后他们经常是又气又急，对孩子进行责骂或惩罚自然是免不了的。

可时间久了，又会出现这样的情况：孩子犯错后首先想到的是家长会责罚他，为避免受罚，孩子就会想尽办法推卸责任，找各种理由为自己开脱，或矢口否认自己做过的事。久而久之，孩子就养成了刻意推卸责任、敢做不敢当的坏习惯。

7岁女孩小璐与5岁的小男孩南南是姐弟俩，一日家里有客人来访，并带来了南南最爱吃的奶糖。但客人走后，爸妈将其放在了比较隐蔽的地方，想留着让南南他们以后慢慢吃。

结果，晚饭之前，南南趁爸妈做饭的时间找到了奶糖，并偷偷拆开吃了好几颗。后来爸妈发现后问是谁吃了奶糖。南南看到爸妈不高兴的样子，害怕被责骂，于是低着头一声不吭。但爸妈早就知道糖是谁偷吃的，这样问只是希望南南能敢做敢当。可没想到，最后小璐为了不让弟弟受罚，自己站出来承认偷吃奶糖。

小璐能如此爱护弟弟，爸妈当然很高兴。但同时，他们也为南南担忧，不知该怎样让南南变得有担当，敢于承担责任，为自己的错误埋单。

其实，要培养孩子敢做敢当的性格并不是件难事，家长可以从以下方面着手，让孩子从小学着承担自己的责任。

### 1. 善用惩罚性措施

在教育孩子的问题上，很多人都不提倡使用惩罚措施，甚至严厉批判惩罚孩子的行为。惩罚固然不宜，但它绝非一无是处，我们没必要过分排斥。在孩子的成长过程中，家长适时采取一些惩罚性措施以制止他的不良行为、习惯，是比"动之以情，晓之以理"更有效的方法。

周末，小柏和妈妈一起去亲戚家，他表现得十分傲慢，口不择言。在返家的路上，妈妈觉得有必要跟小柏谈谈他在亲戚家的表现。

可刚开始，当妈妈问"你有没有觉得刚才那么说话是不对的"之时，小柏却说："我没有说错啊，表弟本来就很笨，他什么都不会。"

这时，妈妈严厉批评道："你这样说令我很失望。我们一直希望把你教养成一个待人和善又勇于承担责任的孩子。但你在表弟家表现得不可一世，把他当成笨蛋，到现在还不肯承认错误，找理由为自己开脱……"

听了妈妈的批评，小柏才意识到自己做错了："对不起，妈妈，我错了！我不该有那么恶劣的态度，下次去表弟家我一定会向他道歉。"

一般来说，小孩子都能容忍别人尤其是爸妈的批评，在内心深处，他们也愿意借别人的提醒来改善自己的行为，最后赢得他人的肯定与尊重。

除批评之外，惩罚性措施还包括给予脸色、警告、叱责、罚劳动、体罚等，每一种手段的惩罚程度有所不同。如有需要，家长应视具体情况决定采用哪一种惩罚措施，比如孩子出手伤人或做了其他危险性较大的事，就可以采用体罚的方法；若仅仅是偷吃一块糖、弄脏了房间等，用给予脸色、批评或罚劳动的方法就可以了。

### 2. 促膝谈心，给孩子播下敢做敢当的"种子"

小修和同学在家里玩，不慎摔坏了爸爸的一座水晶奖杯。爸爸回家后问小修是怎么回事，小修说是同学不小心摔坏的。但他说话时结结巴巴，眼神躲躲闪闪，爸爸就基本确定奖杯是小修摔坏的。不过，爸爸没有马上"揭穿"他，而是在两天后的周末，与小修一边在公园散步，一边用和蔼的语气说："你愿意做真正的男子汉吗？"

小修答道："当然愿意！"

"可真正的男子汉从来都是一人做事一人当，绝不会推卸责任的，否则他根本得不到别人的尊重，大家都会看不起他。你觉得你做到不推卸责任了吗？"爸爸问。

听了这话，小修脸红了，他知道爸爸所指何事。爸爸继续说："爸妈都喜欢敢作敢当的孩子，也希望你成为真正的男子汉。"

小修点点头，继续跟爸爸一起散步。后来，在回家的路上，他低着头承认奖杯是自己摔碎的。

对于孩子的某些不良行为，家长不必当时就作出反应，否则可能会增加孩子心中的恐惧感，让他因过分害怕而推卸责任。有时，家长也应冷静一些，然后心平气和地与孩子谈谈，给他播下敢做敢当的"种子"，慢慢地，这种思想会在他的心中"发芽"。

### 3. 让孩子自己补救错误

家长要让孩子明白逃避错误是不可取的，一味地逃避，只会让自己变得更懦弱。与此同时，家长还应告诉孩子，仅仅承认错误是不够的，犯错后更重要的是想办法去改正错误、补救过失。比如，孩子在学校损坏了别人的东西，家长一定要让孩子买了还给对方，要让他懂得，自己造成的不良后就必须自己负责。

# 细节52：让孩子的心胸变得宽广起来

法国著名作家雨果曾说，世界上最广阔的是海洋，比海洋更广阔的是天空，比天空更广阔的是人的胸怀。一个人拥有宽广的心胸，也就拥有了快乐的源泉。所以，对他人的宽容，就是对自己心灵的解放，凡事斤斤计较，不能原谅、包容他人的人，就是将烦恼和不快带到了自己身上。

人与人之间产生摩擦、矛盾是在所难免的，但若因争一时之气而过分较真，只会引起更大的矛盾，破坏相互间的感情，小孩子之间也是如此。

所有的家长都希望自己的孩子交到更多的朋友，获得更多的快乐。但随着孩子年龄的增长，他们交往的圈子会越来越大，在与更多的人接触的过程中，也时常会因一些小事而争得面红耳赤，甚至因恼羞成怒而大打出手。

然而，孩子毕竟是孩子，其正确处理各种问题的能力还比较差。所以，家长应该从小注意引导孩子，让他学会包容，用一颗宽容的心与他人交往。具体方法可参考以下几种：

**1. 让孩子适当承受心胸狭窄带给自己的伤害**

11岁的肖肖放学回家后气冲冲地进了自己房间，爸爸看他生气的样子，就用温和的语气问："肖肖，这是怎么了？告诉爸爸是谁惹你生气了！"

肖肖不情愿地说："爸爸，我很生气。今天晓磊竟然偷偷把我的演讲稿藏起来，害我在全班同学面前出丑。我现在特别希望他遇上好多倒霉事，看他以后还怎么得意。"

"哦，原来是晓磊惹你生气了。"说着，爸爸就从家里的小库房中找到一个旧篮球，并在篮球表面涂了许多墨汁，然后告诉肖肖，"儿子，你现在就把这个篮球当成晓磊，把上面涂的墨汁当作他遇到的倒霉事。要想解气，你就使劲拍篮球，看看一会儿你的心情会不会好一些。"

说完，肖肖就开始拍篮球。可没过几分钟，他就停下来说："哎呀，不拍了，我的手都疼了，地板、衣服也弄脏了，真不划算。"

爸爸笑了笑说："你看，你希望别人遇到倒霉事，想以此为自己解气，结果倒霉的事却落到了自己身上。所以，有时候我们怨恨别人、诅咒别人，别人可能会倒霉，但我们自己同样也会受到一定的惩罚或伤害。与其这样，我们还不如用宽容的心原谅别人，以免作茧自缚，你说呢？"

肖肖明白了爸爸的用意后，就不再生气，第二天还主动与晓磊讲和。晓磊也说当时只是和他闹着玩儿，他希望以后继续和肖肖做好朋友。

俗语说，退一步海阔天空，忍一时风平浪静。也如雨果所说，宽容是修养的体现，是一种海纳百川的胸怀。故事中的晓磊只是出于开玩笑的心思将肖肖的演讲稿藏起来，以致肖肖在全班同学面前出丑，肖肖为此气愤不已，他甚至希望晓磊遇见倒霉事。肖肖的这种表现就是因为不肯包容而拿别人的错误惩罚自己，但爸爸没有直接劝慰开解，而是用一种形象的方式让肖肖明白其中的蕴意，从而豁然开朗，主动和晓磊将和，得到晓磊的解释，维护了一段友谊。

### 2. 避免做出对孩子有误导作用的举动

许多家长都希望孩子有一颗宽容的心，从而获得良好的人际关系，这就需要父母以身作则了，不仅自己拥有豁达的心态，还要在为人处事上引导孩子远离斤斤计较。比如，当孩子和其他小朋友玩耍时觉得自己吃了亏而哭诉时，家长需要冷静对待，不宜出现护短等行为，应该先了解事情的来龙去脉，如果是自己的孩子做错了，那么以适当的方式向孩子分析情况，让他意识到是自己的错误，并向别人道歉；如果确实其他小朋友的错误，那就要耐心地引导孩子，让他不予计较，并且主动和别人和好。

### 3. 打破"铁三角"家庭模式

现在独生子女家庭甚为普遍，而家长通常都会因为疼爱而事事以孩子为中心，从而导致孩子不懂得理解别人、心胸狭窄。因此，父母应当在适合的时机打破"铁三角"家庭模式，比如，将亲戚家的孩子接过来同住，改变孩子没有人与之竞争的生活环境，让孩子在与新成员的相处过程中学会包容，学会宽容待人严于律己。

# 细节53：如何消除孩子的嫉妒心理

上小学五年级的小涵，是个能歌善舞、聪明伶俐的女孩儿。在学校里，她不仅学习成绩好，人缘一直也不错，从一年级开始，同学们都愿意选她当班长，老师们也很喜欢她。

可最近，小涵的妈妈发现她经常生闷气，话语间好像对班里新转来的一名女同学充满了敌意，一会儿说"她长得要多丑有多丑，同学们还说她漂亮"，一会儿又说"她有什么了不起的，考试成绩只比我高一分，老师就使劲儿表扬她"。

总之，自从班里来了那位新同学，小涵经常憋着一肚子气回家。她妈妈很担心，觉得小涵的嫉妒心有点强，但一时又想不到好的办法去疏导她。

小孩子往往比较情绪化，自控能力也比较差，常常会根据外界事物对自己的利弊做出最直接的情绪反应。像事例中的小涵这样的孩子，因为在自己生活的圈子里长期处于中心地位，独占了来自别人的宠爱，当身边出现另外一个比自己更优秀的孩子，她就会感受到威胁。于是，为了保住自己受表扬的优越者的地位，她可能会以冷言冷语、背后说别人坏话或哭闹、发脾气等方式宣泄自己心中的郁闷，嫉妒心更强的孩子还可能会做出一些攻击性行为。

嫉妒心是一种不健康心理，喜欢嫉妒别人的孩子，长大后走入社会，可能会因别人取得了自己没有取得的成绩而苦恼，严重者甚至会因仇视别人而无法融入社会。

相信任何一位家长都不希望自己的孩子受"嫉妒心"折磨，不希望嫉妒成为孩子成功路上的"绊脚石"。那么，到底如何注意纠正孩子的嫉妒心呢？家长可选用以下几种方法：

## 1. 尽力避免在孩子之间进行比较

小男孩毛毛与表弟在同一个兴趣班学画画。一天，毛毛的妈妈将他和表弟一起接回家，吃过饭后就开始欣赏两个孩子的画作。

表弟的画里有蓝天、白云，有绿绿的草地，草地上还画有几只小绵羊和牧羊犬，整幅画的色彩协调，看起来很漂亮。于是，毛毛的妈妈从柜子里拿出一本漫画书，作为给表弟的奖励，还告诉毛毛："你看，小表弟画得多好啊，你要是再不努力，就要彻底输给他了。"

听了这话，旁边的毛毛立马站起来说："我今天已经写完其他作业了，表弟还没写呢，你不能把漫画书奖励给他。"

在家庭中，家长对其他孩子的表扬、奖励，很容易让自己的孩子产生嫉妒心理，于是，不甘心在妈妈心中的地位落后于其他人的孩子，往往会采取告状、搞破坏或说他人坏话等方式来扭转局面。以防发生这样的情况，家长就应尽量避免将自己的孩子与其他小朋友进行比较，要告诉孩子—其实你也很棒。

### 2. 帮孩子分析差异并迎头赶上

人与人之间必然存在差异，许多人努力奋斗，为的就是逐步缩小与周围人之间的差距，让自己变得更加优秀。所以，当发现自己的孩子在某些方面不如他人时，家长要做的不是过度表扬他人而批评、贬低自己的孩子，正确的做法应是先肯定孩子在某些方面的过人之处，然后再引导他认识自己的不足。

林女士最近发现女儿的英语成绩有所下降，主要是没有记牢单词，她打算和女儿谈谈。可女儿十分要强，最怕听到别人说她哪里做得不好。于是，林女士想了想说："孩子，你最近的成绩不错，舞蹈也跳得越来越好了，爸妈很高兴！但是，如果默写英语单词的成绩再高一点，爸妈会更高兴，相信宝贝也会更开心吧？"

听林女士这么说，女儿笑着点了点头："嗯，妈妈，我知道了，我会更加努力地学英语。不过，妈妈您也要帮我哦！"

自那以后，林女士每天晚上都陪女儿一起背单词。女儿默写的单词，她会认真检查，挑出有错误的单词，让女儿认真改错，然后重点去记这一部分单词。没过多久，女儿的英语成绩就有所提高。

### 3. 让孩子的生活丰富多彩

在大多数孩子看来，受到家长、老师或其他人的表扬是一件非常值得高兴的事，但它并不是唯一的。

生活中，家长应努力让孩子感受多种乐趣，让他的生活变得丰富多彩，比如鼓励孩子多做一些力所能及的好事，让他从帮助他人中获得快乐；让孩子从体育运动、逛街、旅行等丰富的课余生活中体验不一样的快乐。这样，孩子就不会将获得老师、他人的表扬当作唯一的乐趣，在得不到表扬时也不会特别失望，进而产生嫉妒心理。

# ▲ 细节 54： 让孩子学会尊重别人

家里有几位朋友来做客，妈妈忙出忙进地招呼着自己的朋友，儿子小周便觉得妈妈忽略了他的存在，就开始找事了。

"妈妈，我要喝牛奶。"妈妈刚和朋友聊了两句，小周就跑过来摇着她的胳膊并指着冰箱说道。

"自己去拿！"妈妈拍拍他的肩膀，让他自己去冰箱拿。他却嘟着嘴说道："我要喝热的，妈妈帮我热一热。"

"天气挺热的，喝凉的就可以了。"妈妈告诉他。

"不要嘛，我要喝热牛奶，妈妈快帮我热。"小周开始嚷嚷了，并夸张地指着自己的嘴说道，"我好渴啊，口快干死了。"

"稍等一会儿行吗？妈妈再和阿姨们聊两句。"妈妈哄道。

小周却一点也不体谅妈妈，继续吵闹着。妈妈实在没办法，只好从冰箱里拿出牛奶去厨房热。

"周周，牛奶热好了，快来喝。"妈妈端着热好的牛奶走回客厅，以为儿子一定会开心地接过来，并感谢她。可不料想，小周仰脖把牛奶喝下去后，嘴一抹，不客气地说："妈妈，我要吃烤面包。快点快点，帮我烤面包吃嘛。"

"妈妈正忙着呢，待会儿行不行？"妈妈抱歉地对朋友们笑了笑，又对小周说，"你看阿姨们都在等着和妈妈说话，等妈妈说完话，再帮你弄吃的好吧？"

"不行不行，我就要现在吃，不要等！"小周开始吵闹起来，就差没在地上打滚了。

妈妈觉得有些丢脸，就弯下腰想制止他的无礼行为，可小周却突然从地上坐起来，指着妈妈大声喊道："你闭嘴！"

妈妈吓了一大跳，心想，儿子竟然这么和自己说话，一点也不尊重别人，那她也就不用好好和儿子说话了。

于是，妈妈用手叉着腰，面对着小周愤怒地说道："你才应该闭嘴。本来妈妈还觉得你是个大孩子了，想多尊重你的想法，现在看来，是妈妈太惯着你了。不会尊重别人的孩子，也不需要得到别人的尊重！"

小周吓得说不出话来，愣了两秒后便哇哇哭了出来："妈妈凶我，呜……"

故事中的小周想尽方法纠缠妈妈、撒娇耍赖其实都只是想得到妈妈的尊重，可是他采取反复打断妈妈和客人的谈话的方法，又对妈妈出言不逊，最终引来的不是妈妈的尊重，而是训斥。之所以发生这样的情况是因为小周不懂得只有尊重别人才能换取别人的尊重。

然而，孩子渴望被喜爱、被关注、被尊重的心情可以理解的，但争取的方式就要靠父母教育了，而父母要完成此项重任可以从以下几方面入手。

### 1. 教育孩子尊敬父母

古语有言，百善孝为先。如果想让孩子尊重别人，就要从尊敬父母开始。许多家长认为孩子大吵大闹是一种发泄情绪的手段，因此置之不理。其实，孩子在最初和父母发生不愉快时，心里是会产生愧疚感的，但如果家长时期对此不予计较，孩子便觉得自己的行为是无伤大雅的，因而不加改正。

所以，父母要让孩子明确知道自己的作为会带来的不好影响，并禁止孩子对父母恶意顶撞、诸多挑剔以及讨价还价。想要让孩子做的事情就直接要求，坚定立场，不迟疑，不妥协，让孩子从根本上认识到自己无论怎样哭闹都于事无补。当孩子明白父母的要求不可忤逆时，就会顺从，从而养成尊重父母的习惯。

### 2. 要求孩子尊重所有人

孩子尊敬父母以后，父母的任务仍然没有完成，父母要让孩子将这种尊重推至身边所有人，而尊重别人的开始就是用尊重的语气和别人说话。所以，家长应该让孩子学习礼貌用语，比如，打扰别人前先说"打扰一下可以么"；说错话或做错事要诚心道歉；别人挡住去路时说"借过一下可以吗"等。

另外，当孩子表现得好时，父母可以给予表扬或适当的奖励；当孩子没有尊重别人时，也应当给予适当的惩罚，比如，一晚不可以看电视，总之，一定要让孩子认识到不尊重别人是要承担相应后果的。

此外，父母还应当注意自己的言行。比如，自己尊敬长辈及旁人；不在孩子面前抱怨其他人的不是，尤其是孩子的长辈，以免孩子对其产生坏印象而不加尊敬。

## 细节 55：如何让孩子言而有信

妈妈这两天发现儿子毛毛身上有些不太好的现象。比如，说话不算数。明明说好了要每天帮忙扔垃圾下楼，可他每次一到扔垃圾的时候就推脱，不是有事，就是没空。总之，完全不遵守自己许下的承诺。

妈妈觉得这样不行，就想了个方法，纠正一下他这个坏毛病。

毛毛最喜欢看带图画的故事书，妈妈就迎合他，拿来一本童话书，读起了上面的故事："在一个寒冷的冬夜里，有个浑身脏兮兮的小男孩正在卖报纸，他手里还有最后一份报纸，卖完这份报纸，他就可以回到家里和父母团聚了。可是在这么冷的夜里，街上已经基本没有行人了。小男孩在大街上转了很久，才看见一位先生，他赶紧跑了过去，请求先生买他的报纸。可是先生说，我没有零钱，不能买。小男孩马上说要帮那位先生换零钱，先生先是犹豫了一下，看他挺可怜的，就想着，做一回好事吧，便把钱给了他，没等男孩找回零钱，就回家去了。这位先生本来不期盼着男孩能找回零钱，可是第三天的时候，他却发现，男孩在上次遇到他的位置上站着，看到他后，赶紧跑了过来，把一堆零钱塞进了他的手里。原来，男孩已经在这里等了三天了。先生感动的紧紧抱住了男孩，在以后的日子里，他总会来男孩这里，买上一份报纸。"

毛毛仔细的听完妈妈讲的故事后，小声问道："妈妈，这个男孩为什么这么傻呢？"

"为什么说他傻？"妈妈问。

"妈妈你看，他这么大半夜还在卖报纸，说明他家里很穷啊，为什么还会连等三天，把钱还给那个男人呢，他应该自己用那些钱买好吃的东西去。"毛毛答道。

妈妈见机会来了，便认真的对他说："因为男孩是个守信重诺的好孩子。他答应了会找零钱给那位先生，他就一定要做到，这是做人的根本。"

"答应别人的一定要做到吗？"儿子问。

"当然。就像你答应妈妈每天扔垃圾一样，君子一言，驷马难追，你应该说到做到，这样才能成长为能让人信任和重视的人。"

"……"毛毛想了想，突然不好意思的嘿嘿笑了起来，对妈妈说："妈妈，我今天会去扔垃圾的。答应妈妈的，毛毛也一定会努力做到的。"

"这才是妈妈的好儿子。那我们继续读故事吧。"

"好的，妈妈。"母子俩开心的又读起了下一个故事。

中国乃是文明礼仪之邦，中华民族自古就有着"言必信，行必果"的传统美德，且至今为许多人津津乐道。所以，当家长发现孩子有言行不一的行为时，一定要及时引导孩子改正。"勿以善小而不为，勿以恶小而为之。"当故事中的妈妈发现毛毛没有按承诺扔垃圾时，就没有因事情小而不予计较；反之，以给毛毛讲故事的方式引导他发现自己的错误，并且改正。

其实，孩子的说话不算数并非刻意为之。可能是孩子作出承诺时只是兴之所来，随口一说，根本没有放在心里，一会儿就忘记了，因而糊里糊涂地就失信于人了。此外，孩子年龄小，对诺言尚未形成明确概念，并不知道说出去的话就一定要兑现，也不知道食言会带来什么坏处。

还有一种可能是，在孩子的身边经常出现失信于人的现象，并且没有让孩子看见这些人受到惩罚，而孩子还没有分辨是非的能力，也就认为这样做事没有什么不对，所以随之效仿。

家长如果希望孩子继承并发扬守信的光荣传统，可以从以下几方面着手培养孩子的习惯。

### 1. 以身作则为孩子树立榜样

很多时候，家长答应孩子一些事情却没有兑现，也许说的时候是出于哄孩子的目的，也许是由于各种原因而没有时间实现。殊不知，这些都会对孩子产生不良影响，以致模仿。所以，家长一旦答应孩子的事就要兑现，如果真的有不可抗拒的因素不能兑现，也一定要向孩子说明原因并向孩子道歉。

### 2. 帮助孩子守信

孩子比较缺乏责任感，做事会有些马虎，因此，当孩子对别人作出承诺后家长就需要从旁提醒，帮助孩子树立守信的形象。比如，孩子向其他小朋友借了玩具，且答应第二天归还，家长就应该在第二天向孩子确认有没有归还。

### 3. 告诉孩子三思后再许诺

孩子的生活阅历还比较少，头脑发热什么诺言都有可能会许下。针对孩子的这种特性，家长应该在日常生活中教导孩子，在许诺前要思考自己究竟有没有能力兑现，如果没有，就不要承诺；如果不能确定，就不要说得斩钉截铁。

# △ 细节56：让孩子改掉爱欺负人的毛病

刘立是一群孩子们的头儿，每天带着这群孩子们到处疯玩，父母见他们也没做什么坏事，也就任凭他们玩闹了。

但是最近，这群孩子中加入了一个性格比较内向的孩子，因为说话结巴，经常被小朋友们嘲笑，刘立就经常带头欺负他，还给他取了个外号叫"小结巴。"

"小结巴，今天吃饭没？"

"吃，吃，吃了……"

"小结巴，小结巴，吃，吃，吃了……哈哈哈……"一群孩子闹腾起来没完没了，围着小结巴又是讽刺，又是嘲笑。

妈妈知道这件事后，对刘立说："你这样做不好，你是孩子们的头儿，应该带着大家帮助弱小同伴，而不是欺负他。"

刘立却不以为意，轻松地说道："逗他好玩嘛。"

妈妈说了几次，他都不听，只好摇着头走开了。

第二天，妈妈回来的时候，带回来一只流浪猫，脏兮兮的，十分瘦弱，只有巴掌那么大点，刘立回来看见后，很心疼地看着小猫对妈妈说："妈妈，它好可怜，我们该怎么帮它，它才能健康的长大呢？"

妈妈没想到，爱欺负小伙伴的儿子竟然还这么有同情心，便想着，趁此良机，让儿子学会帮助弱小。

于是她对儿子说："小猫现在还比较虚弱，如果我们好好照顾它的话，它一定会变健康，长成大个子的。现在这只小猫呀，就像那个说话结巴的孩子一样，没有咱们的帮助，是行不通的。"

"是吗？原来小结巴也和小猫一样可怜啊，我真的可以帮助他吗？"儿子说道。

妈妈点点头，夸张地对他说道："当然能，只要你带头不再欺负他，大家多帮他练习说话，没准连他结巴的毛病都能纠正过来呢。那时候，你们可就是大英雄了！"

儿子听了，眼睛一亮，连忙站起来跑了出去，"我现在就去召集，明天开始，我们帮小结巴改掉结巴的毛病。"

"不给再叫人家小结巴了哦，不礼貌。"

"嘿嘿，叫习惯了，我慢慢会改掉的。"刘立眨眨眼睛，一溜烟跑了出去。

刘立的故事正体现了孩子从爱欺负人转变为助人为乐的过程，这其中，刘立妈妈有着很大的功劳，正是在她的教育下，刘立才出现了可喜的转变。这种良好的教育方式值得我们借鉴。

但是，有的家长在教育孩子时，为了让孩子不吃亏，在孩子很小的时候，就教育孩了："别人打你你要打他。"千万不能受别人的欺负；上幼儿园后，教育孩了："老师发的东西，要大的。"等孩子上了小学后："别人问你问题，千万不要告诉他，要不他就会比你强了。"

慢慢地，孩子就被家长教育成了自私自利的人。在他们眼中，没有谁比自己更重要，事事处处都要从自己的利益出发。这种人最终会使自己走向孤立无援的地步，别人会对他敬而远之。有谁会愿意帮助一个自私自利的人呢？所以，家长应教孩子学会帮助他人。

### 1. 让孩子学习帮助人的技巧

向孩子讲述、示范哪些行为、表情是他人寻求帮助的信号，教孩子首先认识他人的需要。告诉孩子如何调节自己的行为以不妨碍他人，如何与他人友好相处与合作。给孩子提供练习和实践的机会，教孩子如何正确表达关心及向别人提供帮助。鼓励孩子自己寻找办法，培养孩子的勇气、信心和爱心。

### 2. 对孩子的自私行为做适当的惩罚

第一种方法，是剥夺孩子不正当手段的来的东西。如孩子抢夺了他人的玩具，就拿走他抢到的玩具，立即清楚明白地告诉他大家的不满，使孩子明白自己不良行为和后果。

第二种方法，是对孩子轻微的不良行为可以采取"冷处理"原则，假装视而不见，这个方法在前文已经讲过。需要注意的是，当孩子做出恶劣的行为时，要立即制止并表明自己的态度，并用"完全收回爱"的方法对孩子进行惩罚，即对孩子不再予以理睬、暂时让他感到不再爱护他，直到孩子愿意认错并道歉。在惩罚之前或之后，一定要给孩子讲明"为什么"和"以后应怎么做"。

# 细节57：让孩子学会说"不"

5岁的慧慧正在小区花园里高高兴兴地荡秋千，这时，邻居家的男孩小亮凑过来，一把抓住秋千绳，让秋千停止来回荡。慧慧正要问"你干什么"，小亮就开始将她从秋千上拽下来，一边拽一边还理直气壮地说："你下来让我玩会儿，我都好久没荡秋千了。"慧慧死死抓住秋千绳不下来，小亮就继续拽。结果，小亮一使劲儿，两人都相继摔倒在地，哭声此起彼伏。

慧慧的妈妈知道此事后，觉得女儿不懂如何拒绝别人，尤其是不敢对别人的无理要求大声说"NO"，这会让她吃亏。于是，妈妈决定用心教孩子学会拒绝他人的艺术。自那以后，妈妈经常会咨询许多教育专家、心理学家或社交礼仪老师，以寻求教孩子拒绝他人的好方法。

在妈妈的耐心培养和积极引导下，慧慧渐渐学会了许多与人交往的技巧，也学会了如何在不损害各自利益的基础上拒绝他人。

后来一次，慧慧穿好衣服准备和妈妈去游乐场玩，小亮却来敲门，说要和慧慧一起摆弄他的新玩具。这时，慧慧说："现在妈妈要带我出去，我们先去办事，回来我立马去找你玩好吗？不然我一直想着要出去，我们俩玩的时候也高兴不起来，你说对吗？"

慧慧说这话时语气温和，面带笑容，小亮自然也不会生气。他想了想，觉得慧慧说得有道理，于是便笑着说："那好吧，你先去忙，记得回来找我玩哦！"

大多数时候，家长都会教育孩子，要学会与人分享，对他人要慷慨大方一些，这样才能获得他人的支持与信任。一般来说，家长这样的教育方式并没有错，毕竟懂得分享、慷慨大方等，都是每个人应具备的优秀道德品质，能帮助孩子建立起良好的人际关系。

有时，对于别人提出的不合理要求，或自己无法轻易完成的事，孩子也应学会拒绝，以免给自己和对方带来更大的困扰。

当然，拒绝别人并不是一件很容易的事，像上述故事中的慧慧，在第一次与小亮有分歧时，就没有用对拒绝的方法，结果就导致"两败俱伤"。生活中还有另外一些孩子，会在拒绝别人时，因感到不好意思而不敢言明自己的想法，或因摸不清对方的意思而对其产生误会，这同样会给双方的关系埋下隐患。

所以，作为家长，要想提高孩子的交往能力，就应从小注意教孩子学习拒绝他人的技巧，具体方法可参考以下几种：

### 1. 让孩子学会与别人"磨嘴皮子"

教孩子和别人"磨嘴皮子"，实际上是让他学会与人商量的交往技巧。当孩子与别人产生意见分歧时，孩子表现得很不耐烦或直接厉声拒绝，就很容易激怒对方，或对他造成心理上的伤害。与其如此，孩子不如用商量的口吻与他交流，对他动之以情、晓之以理。

上述故事中，慧慧的妈妈在教女儿拒绝他人的方法时，就时常告诉她遇到问题要和别人心平气和地商量，要让对方感受到诚意。后来，慧慧要出门时遇到来找她玩的小亮，她也正是用商量的口吻与其对话，如"妈妈要带我出去，我们先去办事，回来我立马去找你玩好吗"，而之后一句"不然我一直想着要出去，我们俩玩的时候也高兴不起来"，这也算是对小亮"动之以情"。

### 2. 鼓励孩子大胆说出拒绝的理由

对于别人的某些要求，如果孩子不愿意答应，家长应鼓励他直接向对方陈述拒绝的理由。比如，孩子身体不舒服，不想出门，同学却要叫他出去一起买东西。这时，孩子应直接告诉对方自己的身体状况，要让对方了解自己的苦衷。

另外，很多孩子总是碍于面子，不好意思当面向对方说出推拒的话。这种情况下，家长可以教孩子"自言自语"，让他小声说出自己心中所想。对方若是识趣、懂礼貌之人，听到孩子这么说，他也会主动放弃之前所提要求。

### 3. 让孩子泰然接受他人的拒绝

7 岁的璐璐放学回家后一脸不高兴的样子，妈妈关切地问："宝贝怎么了，今天怎么不开心啊？""我们班的西西画的卡通画很好看，今天我想让她帮我画一幅，可她一口拒绝了。"璐璐郁闷地说。

妈妈听后微笑着说："原来是这样啊！宝贝别难过了，或许西西是有她的难处呢？你想，你们每天放学都要写作业，写完后都到睡觉时间了。如果西西让你给她画画，你写完作业后还有那个心情和时间吗？"

璐璐想了想说："哦，我知道了，西西肯定是没时间帮我画。那我就不给她添麻烦了，以后她有空的时候再帮我画吧！"

在与人交往的过程中，孩子也有可能被他人拒绝。这时，家长应该教孩子泰然接受别人说"NO"，让孩子通过换位思考理解他人的苦衷。

# 第六章

## 培养孩子良好消费理财行为的14个秘诀

生活中，孩子不可避免地要与金钱打交道。而孩子6岁以后，对周围各种事物的好奇心和模仿力会不断增强，也有了一定的攀比心理。这时，如果家长没有教孩子正确理解金钱的价值，没有教孩子如何合理利用金钱，孩子就很可能在许多不良消费行为中形成错误的金钱观、价值观和人生观。所以，家长对孩子进行理财教育的重点就是培养孩子自主理财的意识。

# 细节 58： 如何帮助孩子形成正确的物质观

马玲是个漂亮时髦的小姑娘，虽然才刚刚 10 岁，但对穿着打扮十分的讲究，很有时尚造型师的架势。

在外人看来，这是很值得羡慕的事情，大家都对马玲的父母说："你们这孩子可真有才，以后能当个时尚设计师，挣大钱呢。"

马玲的父母听后，表面上只是笑笑，含糊不清的附和两句。其实他们心里却很无奈，经常看着马玲连连叹气。

这是为什么呢？原来，马玲因为喜欢打扮，所以就需要大量的更换衣服，而她还是个"物质女孩"，买衣服一定要名牌的、贵的，没达到她的要求，她就会纠缠不休，直到妈妈买回她指定的衣服才行。

可是小孩子发育快，个子也得也快，几百块买回来的一衣服，没多久就穿不了了，这时候，马玲又会嚷着要去买新衣服，当然，必须还得是名牌的才行。

久而久之，马玲的父母就有点受不了了，每个月光给马玲买衣服就要花掉小一千块，他们是普通家庭，这种消费水平哪受得了啊。

所以，爸爸在马玲又一次开口要买衣服的时候，断然拒绝了她。

爸爸说："上个星期妈妈不是刚给你买了一件吗？等那件穿旧了再去买新的。"

"那件不是品牌的，我不要。"马玲撅着小嘴回答道。

"你没给家里挣回来一分钱，有什么资格穿名牌衣服？"爸爸先是很生气的吼道，在看到女儿眼里的泪花后，稍缓了缓口气，对她说："爸爸妈妈很辛苦的给家里挣钱都舍不得穿好衣服，你要体谅咱们家的情况，不能蛮不讲理，天天嚷着要名牌衣服，知道吗？"

"不行，不行，就不行！"马玲哭闹起来，爸爸的气一下子又窜了上来，啪的一下狠狠打在她的屁股上，她才老实了下来。

俗话说，爱美之心，人皆有之。但是，爱美应当适度，一旦过了头就是爱慕虚荣。比如故事中的马玲，小小年纪就追逐"时髦"，买名牌衣服、买漂亮的东西，丝毫不顾忌家长的经济压力，长大后还有可能因此误入歧途。

那么，面对这个广告与生活共存的时代，家长应该如何帮助孩子树立正确的物质观呢？

### 1. 家长以身作则

孩子在儿童期与父母接触最多，因此，毋庸置疑，父母对孩子的影响最大。所以，为了让孩子不再追"时髦"，家长应该言传身教。首先，家长自己不要贪图"名牌"和"高档"；其次，当身边出现爱慕虚荣的现象时，家长要向孩子表达鲜明的反对意见。久之，在孩子心里就会形成正确的观念，从而不再将物质看得那么重要。

### 2. 教孩子学会选择

当孩子想要买一些东西时，家长如果直接拒绝只会引起孩子的哭闹，所以家长应该采取有效的措施让孩子明白，在自己的需求不能被同时满足时，一定要选择对自己最有利的。比如，当孩子想要买一件比较贵的衣服时，家长可以告诉孩子，如果买了这件衣服，那么半年之内不再给他买玩具，然后让孩子自己选择。孩子经常做这种选择后，在面对未来人生中其他选择时也能够做出最有利自己的选择。

### 3. 引导孩子寻找不用花钱也能进行的活动

孩子的思想还是单纯的，他们还没有发展到必须花钱才能获得快乐和满足的程度。所以，家长利用孩子的这一特点，为孩子寻找一些不用花钱或者花很少钱，但是乐趣无穷的活动，比如，带孩子去公园放风筝、让孩子和其他小朋友一起玩游戏等。当孩子的注意力被乐趣吸引后，自然就没有心思再去追"时髦"了。

## 细节 59： 如何教育孩子正确看待广告

这两天，杰杰一直在缠着爸爸给他买糖吃，爸爸工作忙，没时间去买，就对杰杰说："让妈妈带你去买。"

谁知杰杰却不听话，摇着头对爸爸说："不行，就得爸爸买。"

"妈妈买就不行？爸爸哪有时间给你买糖，回自己屋玩去，爸爸要忙了。"爸爸终于忍受不了儿子的纠缠了，轻轻拍了拍他的后背后便离开了。

杰杰对着爸爸的后背，大声喊道："爸爸是坏蛋。"然后就委屈的抹着眼泪回到了自己房间。

妈妈无奈的看着这爷俩，第二天便把儿子要吃的糖买了回来，本以为儿子会高兴的扑过来，谁知道他却只看了一眼，便毫无兴趣的走开了。

"儿子，不是要吃糖吗？妈妈帮你买回来了。"妈妈微笑着朝他招招手，杰杰却撅起了嘴，理都不理妈妈转身就回自己房间去了。

"咦？这是怎么回事？"妈妈搞不清楚情况了，难道是真的生气了？

吃饭的时候，妈妈把这件事讲给爸爸听，爸爸听完后，对他说："是爸爸不好，不生气了，妈妈买的糖一样吃啊。"

"不好。"杰杰生气的撇过头去，闷声说道："电视里都说了，和爸爸一起去买糖。爸爸不陪我买，我就不吃了。"

爸爸妈妈一头雾水，问了半天，才搞清楚，原来儿子说的是最近电视里的一则糖果广告。受到广告的影响，儿子才非要爸爸和他一起去买糖吃的。

爸爸妈妈互视一眼，暗道：这广告的力量还真是强大，幸好儿子在意的只是和爸爸一起去买糖这件事，而不是缠着他们不停的往家里买糖吃。

这是一个信息化的社会，广告随处可见，而且轻易地拨动着消费者的心弦，对孩子而言，其诱惑力就更是不言而喻了。不久前，英国专家进行了相关调查，他们分别给 100 名孩子两份品质相同但是包装不同的食物，一个是广告经常宣传的，一个是不为人知的，孩子们经过品尝后，大多认为知名品牌包装的食物更好吃。可见，不但故事中的杰杰深受影响，缠着爸爸陪他去买糖，其他家庭中的孩子也在被各种各样的广告影响着。

虽然，有些广告是很符合消费者需求的，但也有些是夸大其词，尤其那些针对孩子而拍的商品广告，诱惑精美至极，而孩子还处在跟随喜好而走的阶段，对其产品产生强烈的愿望也就无可厚非了。对此，家长可以从以下两方面着手，教育孩子正确地看待广告。

### 1. 让孩子明白广告的真相

首先，家长应该告诉孩子，广告就是一种通过各种媒介促销的手段，广告就是一种以盈利为目的、刺激消费者购买欲望的"说服"。另外，家长可以通过网络等方法向孩子介绍广告的制作过程，消除其对广告的盲目相信；还可以购买实物让孩子与广告进行对比，从而让孩子明白很多时候广告是为了宣传产品而被夸张的。当孩子明白广告的真相后，自然就不会跟着广告走了。

### 2. 让孩子正确看待广告语

现在的广告创意大多新颖诱人，且画面效果绚丽缤纷，家长在帮助孩子揭示广告的真相以外，还要教孩子正确看待广告语，从而避免广告语对孩子的心理产生误导。比如，"服从你的渴望"可能会导致孩子任性而为的习惯；"我有，你有吗"可能会引起孩子的炫耀心理。当然，当孩子看到那些积极向上的广告语时，家长也要提倡，如"从不与人相比，只求突破自己"等。总之，家长一定要让孩子正确地看待广告语，则其善者而从之。

## 细节60：帮助孩子养成存钱的好习惯

仔仔马上就要过5岁生日了，妈妈对他说："儿子，妈妈今年送你一件有意义的特殊礼物，怎么样？"

"是什么？"仔仔高兴地问。

"存钱罐！这样，你就能把自己的零花钱存起来，用来买更多更有用的好东西。好不好？"妈妈拉着他的手问。

其实仔仔早就想要一个存钱罐，只不过怕妈妈不同意，而且自己的零花钱也不多，所以一直没开口，现在听到妈妈的话，当然很高兴的就答应了下来。

于是第二天，仔仔和妈妈一起，去超市选购喜欢的存钱罐了。

"这个怎么样？粉粉的小猫，多可爱。"妈妈指着一个粉色小猫形状的存钱罐问仔仔，仔仔摇摇头，说道："粉色是女孩子们喜欢的颜色，男孩子喜欢更酷的样子。"

"更酷的啊……"妈妈在货架上扫来扫去，看见一款变形金刚的存钱罐，高兴的拿了过来，对仔仔说："这个怎么样，很酷吧！"

"可是……我不喜欢……"仔仔低下头，轻摇了两下。

妈妈没办法，只好让他自己在货架上寻找自己喜欢的存钱罐，可看了半天，仔仔都没找到自己喜欢的。

"妈妈，这里没有我喜欢的。"仔仔撅着小嘴说道。

"那我们去别的超市。"妈妈没有生气，拉着他的手就带他去其他超市选购了。

谁知道，天都黑了，他们都没选好一个小小的存钱罐。

"都没喜欢的？这可怎么办啊。"妈妈苦恼地问："仔仔，你到底喜欢什么样的存钱罐？"

"这个嘛……我也说不清楚，知道大概是什么样的，就是形容不上来。"仔仔有些怯怯的说道。

"知道，却说不出来？那如果让你自己做，能做出来吗？"妈妈突然想到一个好主意。

仔仔坚定的点点头，高兴地回答道："肯定能做出来的。"

有了儿子肯定的回答，妈妈大手一挥，宣布道："那我们回家，自己做存钱罐去！"

故事中，妈妈在仔仔 5 岁生日时想要送他一个存钱罐的想法是非常值得肯定的，而且在仔仔花费许久时间却找不到喜欢的存钱罐时，不但没有发脾气，还鼓励仔仔自己动手做的行为也是非常明智的。当孩子长到这个阶段时，已经具备了一定的思考能力，家长送给孩子存钱罐既可以成为孩子的一个玩具，还可以帮孩子逐渐养成存钱的习惯，从而让孩子开始懂得控制自己的花钱欲望。但是，送给孩子存钱罐也需要一定的技巧。

### 1. 鼓励孩子动手做一个存钱罐

市场的存钱罐虽然种类繁多、做工精致，但既然是以教育孩子存钱为目的，让他选一个终究不如亲手做一个有意义。所以，家长可以鼓励孩子动手制作，然后从旁辅助，既培养了个性又可以从小事上培养孩子的理财意识，还能够让孩子体会到动手制作的乐趣和成就感，最重要的是，孩子会因为是劳动所得而更愿意往里面存钱。

### 2. 鼓励孩子把零用钱存起来

当孩子有了存钱罐以后，家长应该鼓励孩子把零用钱存起来，可以从以下三方面着手：第一方面，当孩子开始往存钱罐存钱时，家长一定要对其表示肯定和表扬，比如，"宝贝真乖，再接再厉"等；第二方面，给孩子讲述身边小朋友存钱的事例，或者和孩子一起存钱，让他觉得不是只有自己一个人在存钱，从而更有存钱的动力，还可以给孩子讲一些名人存钱的故事激励孩子；第三方面，建议孩子合理配置自己的零用钱，不要乱花，比如，告诉孩子把买非必需品的钱节省下来放进存钱罐。

### 3. 当孩子存到一定数量时给予适当的奖励

当孩子开始存钱的时候，家长可以先许以一定的承诺来鼓励孩子，比如，家长可以告诉孩子，当他存到 50 块钱的时候给他买期待已久的玩具或者衣服等。当孩子坚持一段时间失去最初的激情时，家长可以提醒孩子说好的约定来诱惑孩子继续努力，比如可以说："宝贝不想要那个芭比娃娃了吗？就差一点点了哦"等。

### 4. 允许孩子用其中一部分钱买自己喜欢的东西

如果家长一味要求孩子只存不花，孩子尝不到存钱的"甜头"就会失去存钱的动力。因此，家长可以和孩子进行约定，比如，家长可以和孩子商量好，只要孩子存到 100 块钱就可以拿出 30 块钱去买自己喜欢的东西。当时间久了以后，孩子就会在不知不觉间形成存钱的好习惯。

## 细节 61：鼓励孩子靠自己劳动挣零用钱

小莲是个勤快的孩子，经常帮爸爸妈妈做一些力所能及的家务活，爸爸妈妈为了表彰她的行为，就对她说："作为鼓励，爸爸妈妈给你点零花钱好了。"

"谢谢爸爸妈妈。"头几次，小莲都感激地收下了爸爸妈妈给的零花钱，不过慢慢的，她就高兴不起来了，撅着嘴对爸爸妈妈说："老师说，帮助父母干活是孩子应该做的事情，爸爸妈妈总给我钱，就好像我是寄养在咱们家的工人一样。爸爸妈妈以后还是不要给我零花钱了。"

爸爸没想到女儿能说出这番话来，高兴的把她抱起来又玩举高游戏，逗得小莲哈哈大笑。玩累了之后，妈妈突然说："要不然，小莲你出去找份工作怎么样？"

"妈妈，我还是小学生啊。"小莲吓了一跳，赶紧跑过去搂住爸爸的脖子小声说："爸爸，妈妈变成我后妈了。"

"别胡说。"爸爸弹了下她的脑门，然后认真地说道："妈妈的意思是，让你走出家门，去帮别人做一些事情，试着自己挣零花钱，这不是很好的'工作'吗？"

"原来是这样啊。"小莲夸张的松了口气，不过接下来，她又苦恼地说道："可是我还是个小孩子，没人愿意请我吧。"

"我们可以找熟人帮忙啊。比如说你李阿姨不是自己开了个泥塑工作室吗？我们可以去问问她要不要请你当杂工。"

"我最喜欢李阿姨做的泥娃娃了，去她那里帮忙，一定十分有趣。"小莲拍着手从爸爸身上跳下来，像只小燕子一样，飞快的奔出了家门，边跑边说："我现在就去请李阿姨雇佣我当帮手。"

相信拥有故事中小莲这样勤快乖巧的孩子是许多家长期待的，殊不知，这样的孩子也是后天教育出来的。小莲的父母让她在家做些力所能及的家务来赚钱，这些都是非常有利于孩子成长的做法。如果家长也想要自己的孩子如此，可以参考以下方法。

### 1. 鼓励孩子走出家门打工

在美国，有一位这样的父亲。他不仅鼓励儿子外出打工，还对儿子许下一个承诺给予儿子足够的动力，他说："不论你打工赚多少钱，我都会给你相同的钱存在你的账户，直到你成年时结束。"儿子听过后觉得，这真是一件太划算的事情了，于是很努力地外出打工，然后将自己赚的钱除去买学习用品的以外也存进账户。最终，儿子毕业的时候，账户里已经有超过1万美元的存款，这对于初入社会的孩子而言，已经是一笔不小的存款。而儿子也因为工作经验丰富、工作能力强轻松地找到一份好工作。

其实，这位父亲的真正目的不是让孩子赚钱养自己，而是再用另一种方式教孩子把赚的钱存起来。而且儿子在学会这一点的同时获得了额外收获，可见，让孩子走出家门打工是多么有意义的事情。

### 2. 对孩子"狠"一点、严一点

还是一个来自美国的故事：

在一个很富裕的家庭，富翁为孩子创造了最好的生活环境和学习场所，但他从来不娇纵孩子，尤其是不允许孩子乱花钱。当孩子具有外出打工的能力时，富翁对孩子说："从今天起，你所有的生活必需品和学习用品都要靠自己赚钱来买，爸爸妈妈已经养育你这么多年，不会再为你花这些方面的钱了。"然后，他告诉孩子，可以去附近的一个农场挤奶来赚取生活费。

家长可以效仿故事中的富翁，对孩子"狠"一点、严一点，为孩子指出一条明路，引导孩子走出家门打工，靠自己劳动保证自己的生活。另外，家长也可以采取温和一些的方式引导孩子走出家门，如让孩子去亲戚或朋友家打工等，以此体会"工作"的含义。

## 细节62：教孩子成为理财小能手

性格活泼的女孩小昕7岁时，好奇心和模仿力都比较强，而且时常和别的小朋友攀比，别人有的东西她也一定要有。爸妈虽然很疼小昕，但有时也会觉得她无理取闹。遇到这种情况，爸妈会给她讲道理，可结果往往是行不通的。

后来，爸妈通过咨询儿童教育专家，发现可以用转移注意力的方式让小昕减少攀比，同时学会合理利用金钱。

一次，小昕的几个同学都说他们最近常去吃"麦当劳"，特别好吃，听得小昕直咽口水。那天回家后，小昕就嚷着要妈妈带她去吃"麦当劳"。可是妈妈已经做好了饭，而且邀请了两位朋友来家里吃饭。不过，她知道小昕脾气倔，这个时候给她讲道理仍是行不通的。于是，她想了想说："小昕，爸爸昨天给你买了一本很好看的漫画书，妈妈陪你一起看好吗？看完我们再吃饭。"

"好。"小昕也比较喜欢看漫画书，所以就点头答应了。但看着看着，她就入了迷，忘了还要吃"麦当劳"的事。半个多小时后，妈妈叫她吃饭，她很快就跑过来，还说要赶快吃完写作业，写完后还想再看看漫画书。

后来，妈妈在陪小昕看漫画时，还引导性地问："宝贝，是不是觉得看漫画比吃麦当劳更开心呢？"

"是呀，妈妈，这本漫画书真的很好看！而且，今天妈妈做的饭也特别好吃，麦当劳那么贵，我现在已经不想吃了。"小昕说。

"宝贝真乖。其实，我们不花钱也能得到许多乐趣的，你说是不是？"妈妈笑了笑，继续说，"以后，我们就多存一些钱，给你买更多漫画书、买好的学习用品，或者我们一起出去郊游，好不好？"妈妈笑着问。

小昕听后拍手叫好。从那以后，她开始节俭，不再那么喜欢和别人攀比，平时也不会随便跟爸妈要零花钱，还说自己少花点钱一样能生活得很快乐。

孩子在上小学期间，生活圈和交友圈都会不断扩大，参加的群体活动也在逐渐增多。而处在这个阶段的孩子道德观、人生观、价值观、金钱观都还在萌芽期，因此很容易出现类似小昕的这种攀比行为。尤其这个时候孩子还不能自食其力，生活上需要父母的照顾、物质上需要父母的提供，所以家长一定要注意培养孩子的自力更生意识。古人语，授人鱼不如授人以渔。一个好的习惯和一项生活技能可以让孩子终生受益，家长就应该帮助孩子从小养成勤劳节俭、自己的事情自己做的习惯。

针对孩子理财能力的培养，家长可以从以下几方面入手。

### 1. 让孩子合理利用金钱

当孩子长到 6 ~ 12 岁这个阶段时，虽然还没有形成正确的金钱观、价值观以及人生观，但已经无法避免地开始接触金钱。因此，家长应该从这个阶段就教孩子辩证地看待金钱、合理利用金钱，以免孩子因好奇心和模仿意识产生攀比心理，甚至花钱无度。对此，家长可以采取注意力转移法让孩子远离不良消费行为，从而逐渐明白，金钱不是生活的全部，快乐不是可以用钱衡量的。

以上文的故事为例，当小昕在攀比心理作用下想要妈妈带她去吃"麦当劳"时，妈妈没有直接拒绝，而是转移小昕的注意力，提出陪她一起看漫画书，很快小昕就忘记了"麦当劳"的事，而妈妈也不失时机地引导孩子将省下来的钱用来买更多漫画书、买好的学习用品、一起出去郊游等，帮助孩子形成了自主理财意识，让她学会了合理利用金钱，即用最少的钱换得最多的快乐，而非用大量的钱去满足没有意义的物质需要。

### 2. 教孩子做简单的理财规划

孩子在 6 ~ 12 岁时，其独立意识正在逐渐形成。虽然这时孩子还没有赚钱保证自己生活的能力，但家长已经需要教孩子理财了，并且要为孩子创造实际理财机会，以此让孩子的理财意识和独立意识同时形成，从而根深蒂固。

家长可以每月月初时给孩子固定的零花钱，然后让孩子制定简单的理财规划，将每个星期或者每天的花费项目以及预定花费金额写下，再把实际花费方向和花费金额记下，在月末的时候进行对比，如果出现赤字，家长就帮孩子分解原因，并且将孩子这个月多花的钱从下个月的零花钱中扣除，让孩子吸取教训从而下次避免；如果出现结余，家长可以给予孩子适当的奖励以示鼓励。如此循环，孩子不但能够学会合理安排各项支出，还能够积极面对生活中的一切困难。

除此之外，家长还可以了解一些投资的基本常识，为孩子再大一些时的投资做好准备。

# 细节 63： 引导孩子成为小收藏家

东东的爷爷有很多精美的小册子从来不让别人看，妈妈说那是爷爷的宝贝，警告东东千万不要乱碰。

但是，越不让他碰，他的好奇心就越重，越想一探究竟。

这一天午后，爷爷又开始整理他那些小册子了，东东蹑手蹑脚的靠近，终于能看到册子里的东西时，却失望了叹了口气。

"哎，我以为是什么呢，原来是邮票啊。爷爷真小气，不就是几张小邮票嘛，天天当宝贝一样不让别人碰。"东东撅着嘴说道。

爷爷回头笑道："这虽然是邮票，但确实是宝贝呢。"

"咦？有什么特殊意义吗？"东东好奇心又起，伸出手想要碰时，被爷爷挡住了。

"这是爷爷集的邮票，有很多已经是老古董了，可不能随便用手触碰。"爷爷说。

东东这才看见，爷爷的手上戴着干净的白手套，而册子里的一些邮票，纸张的颜色确实有些老旧了。

"邮票也能成为古董吗？"东东知道被称为古董的东西，一般都是很值钱的，所以再看爷爷手里的册子里，小心了很多。

爷爷点点头，说道："虽然有不少人搞收藏只是个人爱好，但大部分还是期盼着自己的收藏品能够增值，获取巨额利益。"

"那爷爷的收藏增值了吗？"东东小心翼翼地问。

"哈哈……"爷爷哈哈大笑道："当然，那可是你想象不出的数目哦。"

从那之后，东东再也不敢随便乱动爷爷的小册子了，总是崇拜的看着爷爷，让他讲一些邮票的故事给自己听。

当东东发现爷爷不让人碰的宝贝只是邮票后，发出不屑地感叹"我还以为是什么呢"，但在爷爷的讲解下，东东明白了爷爷的集邮是一种收藏增值行为，从而视爷爷的小册子为宝，并以崇拜的眼光看待爷爷。

现实生活中，像爷爷那样喜欢收藏的人也是很常见的，他们把收藏当作乐趣，当作一种高雅的投资方式。尤其邮票，素有"国家名片"之称，分为普通邮票、纪念邮票、特种邮票、航空邮票、欠资邮票等，内容更是涉及了政治、经济、文化、军事等方面，可谓包罗万象的博物馆、知识丰富的小百科。另外，邮票的价钱很便宜，各类人群都可以负担得起，而且能够获得较高物质回报、事业成就感以及人生价值感。因此，集邮已经成为一种大众欢迎的投资方式。

所以，家长可以从集邮开始培养孩子的收藏习惯。

### 1. 鼓励孩子集邮

儿童专家经过调查表明，集邮者是需要决心、注重细节以及耐心等性格特征的，而从小培养孩子的这些特质有助于他们在日后生活、学习和工作中获得成功。美国教育专家也验证了这一说法，他们经过研究发现，集邮的孩子对学习的兴趣更为浓厚，他们中有70%可以考上大学，60%的收入比不集邮的孩子高1/3。除此之外，集邮还可以让孩子获得精神、文化、知识和情感上的陶冶和娱乐。可见，集邮对孩子百利无一害。

对此，家长可以告诉孩子一些邮票的基本分类知识，然后让孩子在某段时间收集某一种，或者同时收集几种；还可以先给孩子买几套邮票，再让孩子根据兴趣逐渐增加数量或品种。但是家长务必提醒孩子采取分类收集、按册收集或者专题收集等方式。比如，家长让孩子专门收集纪念邮票，逐渐深入，然后按照政治、经济、文化、军事等进行精细分类。

### 2. 让孩子多了解收藏

中国自古不乏喜好收藏的名人雅士，且沿袭至今。近日，除去平时耳熟能详的古玩、字画、古宅、红酒、钻石等历来备受收藏家青睐收藏物外，又新起了"四大名流"成为收藏家的新宠，其中包括粮票、彩票、股证、磁卡，可见收藏事业如日中天，破烂之物哪天价值连城也未可知。

所以，家长应该多陪孩子关注收藏市场，并且多带孩子参观名家收藏，扩大其见闻、培养其广泛的兴趣，为孩子的未来做准备。以便孩子将来有资金能力时，进行收藏活动、修身养性、名利双收。

# 细节 64：教孩子成为节约小达人

夏天天气炎热，曼曼最喜欢开着空调睡觉了，就算是到了半夜，她也不让爸爸妈妈把空调关上，每次都坚持要开一整夜。

"妈妈，我喉咙和脸很干，很不舒服。"第二天早上，曼曼都会发出这样的感叹，妈妈总是对她说："还不是你晚上吹空调吹的，费电又伤身，以后别吹了。"

"可是很热啊。"曼曼很不愿意地看向妈妈，妈妈拿着今天早上送来的电费单据，对她说："看看，这个月的电费，比上个月多了小三百呢，这可是你三个月的零花钱。为了补贴家用，妈妈决定，这两个月不给你零花钱了。"

"啊！"曼曼失声尖叫起来。两个月没有零花钱，这不等于是不让她活嘛。

"妈妈，妈妈我错了，我再也不浪费电了，可是晚上睡觉很热怎么办？"曼曼实在是受不了热，苦着脸问妈妈，妈妈想了想，对她说："我们冰箱里不是有很多冰吗？今天试试用冰块来降温怎么样？"

"冰块……"曼曼用力地点了点头，心里暗想，没准半夜醒来的时候，她还能偷两块冰吃吃呢。

有了这个方法，曼曼家用空调的时间大大减少，没多久曼曼的零花钱又恢复了。

有一次做饭的时候，曼曼发现妈妈在往锅里倒热水，她好奇的走进厨房，问妈妈："妈妈，你怎么把热水倒锅里了。"

"热水烧得快啊，这样没一会儿咱们就能吃上饭了，不仅节省了时间，还节省了煤气啊。"妈妈对曼曼说："爸爸挣钱养家是很辛苦的，我们不能帮他什么忙，起码要学会节约啊。"

"原来如此，那我以后也要跟妈妈学习怎么节约。"曼曼乐呵呵地说道。

故事中的曼曼为躲避炎热彻夜不肯关空调，对妈妈的劝告不予回应，导致每天早晨起床喉咙和脸很不舒服，也使家中电费大涨，当妈妈决定扣除她两个月的零花钱贴补家用时才恍然意识到节约的重要性。可见理论教育对孩子的影响是微乎其微的，必须让节约密切联系孩子的自身利益，孩子的节约意识才能根深蒂固。

雷锋说："在工作上，要向积极性最高的同志看齐；在生活上，要向水平最低的同志看齐。"他是这样说，也是这样做的，他的勤俭节约精神，已经影响了几代人，家长也应让它在孩子身上继续传承。对此，家长可以从生活细节上教育孩子，也可以和孩子做一些小发明、小创造，既节约能源又提高孩子的创造能力。具体做法，家长可以参考如下几方面。

### 1. 教孩子如何节水

洗脸：用洗脸盆接水洗脸，然后洗脚，最后将用过的水倒在专用的水桶，用来冲马桶等；清洗蔬菜和水果：用盐水将食物浸泡一段时间消毒，再用清水清洗一遍即可；沐浴：搓洗时及时关上阀门，避免不用水还一直让它流的状况；玩具：不让孩子玩喷水枪等玩具，避免不必要的用水；水龙头：当水龙头发现漏水时及时修理，做到滴水不漏，从而避免浪费水；马桶：将马桶的出水量调小。

家长要告诉孩子，节约用水不是限制，而是合理、高效率地用水。

### 2. 教孩子省电妙招

购买家用电器或灯具等时，一定要选择节能的；随手关灯，比如，没人在卫生间时一定要关灯；看电视时避免音量太大，增加耗电量而且对听力不好，还有将画面的亮度和对比度调节适当也可以降低功耗能；使用冰箱时，不要频率过高地打开冰箱门；用电饭煲煮饭时，先将米浸泡10分钟再煮；用洗衣机洗衣服时，最好先用洗衣液浸泡15分钟再进行机洗；夏季时，不宜将空调设置的温度过低，另外，减少开窗和门的次数等等。

### 3. 教孩子节省煤气

选择节能灶，尤其灶具架子的高度要合理；不用时一定要将总阀门关好，以免跑气；蒸东西时最好用双层锅；材料准备齐全再开火，避免烧干灶，减少浪费；炖食物时，盖好锅盖，用大火烧开后转用小火，避免溢出又节约煤气；蒸饭或者煮粥时，不要添加过多，最好添加热水，美味、省时又节约；另外，还要保持锅底的清洁，让锅更容易导热，从而节约。

除去以上几种方法外，家长还可以让孩子多看一些关于贫困地区的报道，让孩子了解到中国，乃至世界上还有许多缺水的地方。

## 细节 65： 教孩子体验做"小会计"的乐趣

　　成成经常见爸爸妈妈在一个小本子上写写画画，感到很好奇，难道爸爸妈妈每天也要写作业吗？这天，他又看见爸爸把小本子拿了出来，准备在上面写东西，他赶紧跑过去，抱着爸爸的腿问："爸爸，你是不是也在写作业，让我看看你写的是什么，好不好？"

　　"爸爸已经不用写老师留下的作业了，不过呢……爸爸自己给自己留了作业，每天都要把作业写在这个本子上。"爸爸想了想，回答道。

　　"自己给自己写作业？是什么作业？"成成歪着脑袋问道。

　　"咱们家的收入和花销记录啊。"

　　"那是什么？"成成不明白地问。

　　爸爸把他叫到身边，耐心的回答道："家里每个月的生活费是固定的，如果花销大于咱们家的收入，可又不知道是哪里多花了钱，岂不是很令人头疼？所以每天及时的把今天家里的花销记录下来，等到月底核查的时候，就会知道，哦，原来是这里花了不该花的钱啊。那么咱们下个月就可以把这方面的花销去掉，这样不就省掉一部分钱了嘛。"

　　"原来可以有这样的用处啊，那我是不是也可以帮爸爸妈妈做记录呢？"

　　"当然可以。"爸爸点头说道："其实，你也可以给自己做一个记录册，把自己使用零花钱的情况记下来，每个月的月底，就可以和爸爸妈妈一起查看收支状况了啊。"

　　"这真是个不错的方法，爸爸，快教我怎么做收支记录吧。"成成高兴的抢过爸爸手里的小本子说道。

　　孩子都比较喜欢玩乐，甚至将一切有趣的事情都当做是玩乐，他们也喜欢在玩乐中学习他们该学习的东西、接触他们没有接触过的事情，故事中的成成也是这样。他看到爸爸妈妈经常在一个小本子写写画画，好奇地以为他们也要做作业，所以抓住时机追问爸爸，从而知道爸爸是在记账，将日常花销都记下来，在月末通过核查节省家庭支出，成成听过后，出于好奇决定效仿爸爸妈妈，而爸爸也趁机想要帮助孩子养成记账的好习惯。其实，即使孩子不主动提出，家长也应采取相关措施进行培养，但要注意以下几点。

### 1. 明确目的

首先，家长应该明白成年人做收支记录的目的和孩子是完全不同。家长做收支记录是为了了解自己的花费方向，然后通过核查找寻自己的不足，从而合理安排家庭的各项支出，累计家庭财富。但是孩子做记录的目的是让他养成记账的习惯，让他学会通过分析自己的各项支出来合理掌控自己的花销。

### 2. 教孩子及时记账并且清晰明了

家长给孩子一个记录本以后，一定要告诫孩子及时记账，切忌拖延而忘记，那样记录本就失去了意义。另外，家长还要教孩子把账记得一目了然，除去分为食物、衣服、零食、学习用品、玩乐等类外，还要写清物品的具体名字以及购买时间，总之，越精细越好，以此避免月末对账时出现疑问，也可培养孩子做事细心的好习惯。

### 3. 用多种方式激发孩子的记账兴趣

孩子在记账之初大多只是出于玩乐之心，一旦感觉记账是一件枯燥、简单重复的事情时，就会失去兴趣，然后终止。所以，家长一定要采用多种方式激发孩子的兴趣，让孩子长期坚持下去而后成为习惯，比如：鼓励孩子自己设计美丽又个性的记录本，并让孩子用不同颜色的笔代表不同的支出项目；月末时，和孩子交换记录本互相进行评价，分别指出彼此值得表扬和需要改正的地方；如果孩子的某一项支出或某几项支出比上个月减少，家长就要给予孩子相应的鼓励；另外，家长还可以给孩子介绍一些简单切实用的记账软件，让孩子慢慢研究以完善自己的记录方式。

## 细节 66： 让孩子学会讲价钱

肖卫的 T 恤旧了，想买一件新的，就请妈妈和他一起去商场买一件，妈妈欣然答应了下来，周末的上午，就陪他走进了商场。

"这件 T 恤不错。"肖卫看中了一款浅蓝色 T 恤，妈妈看了看，觉得也不错，就问老板："这件 T 恤怎么卖？"

"130。"老板张口便说了一个数字，妈妈听了，思考了一下就拉着儿子走了出去。

来到另一家店铺，也有同一款 T 恤在卖，妈妈问老板："这件 T 恤怎么卖？"

"95，喜欢就穿上试试，价格还能优惠。"老板笑着看向他们母子。

肖卫吐吐舌头，仔细的看了看衣架上挂着的 T 恤，明明是同一款、同一种布料，价格怎么会差这么多呢？

他以为妈妈肯定会马上买下来的，谁知道妈妈和老板聊了一会儿后，竟然空着手又把他拉出去了，就这样，他们又在商场里逛了很久，肖卫累得腿都要抽筋了，赶紧拉住妈妈问："妈妈，走那么多家干什么啊？不都是一样的吗？刚才那家最便宜，直接买回来不就行了？"

妈妈看了儿子一眼，对他说："这叫货比三家，比较好之后，妈妈才能清楚地知道这件 T 恤的价位，然后才能和老板讲价啊。买东西一定要学会讨价还价，不仅要从质量还要从各个方面找到能让那件 T 恤价格降下来的理由。"

肖卫目瞪口呆的听着妈妈讲的关于讨价还价的"长篇大论"，心里暗暗佩服。最后，他们来到三层的一家店铺，经过一番讨价还价后，用 70 元终于把这件 T 恤买了下来。

妈妈自豪的拿着自己的"战利品"对肖卫说："看见没，这就是讲价的好处，从 130 元到 70 元，剩下的钱还能买点有用的小东西回去，多好。"

故事中的肖卫是一个乖巧的孩子，对妈妈货比三家没有表示任何不耐烦，更没有觉得就差几十块钱要跑好几家店，多丢人啊！只是累得腿快要抽筋时追问原因。但生活中就不尽如此了，很多孩子在和家长买衣服时，常常对家长反复询问和砍价表示反感。针对孩子的这种观念，家长必须予以及时纠正，但首先要做的是让孩子不再排斥这种购物方式。对此，家长可以先让孩子亲身体会到砍价的好处，比如节省下来的钱给孩子买某种物品，然后交给孩子一些相关技巧，再让孩子通过购买日常小用品进行练习。

### 1. 给孩子讲解身边商品的合理价格范围

家长在让孩子练习购买物品前，应该先告诉孩子物品的大概价格，然后告诉孩子商家一般会如何要价，让孩子做到心中有数，从而避免因商家要价过高孩子不论怎样砍价都会买得比较贵的现象发生。

### 2. 告诉孩子最初不要暴露购买意图

家长一定要告诉孩子，在问商家价钱时要装出若无其事的样子，不动声色，可以说"其实刚买了一个，要不要再买一个呢"之类的话，为讨价还价奠定基础。这时，商家为了诱惑他购买报价就会比较低。倘若看见喜欢的物品就表现得非常迫切，说"转了好多家店终于找到了""这个我找很久了"之类的话，商家就会以此为"要挟"，价钱便很难降下来。还有，告诉孩子不要怕浪费时间，觉得差不多就买了，脸皮也要适当厚一些。如果实在讲不下去价钱，就狠心转头离开，一般都会被商家叫回成交。另外，家长可以建议孩子和朋友一起去，一起和商家讲价，效果也会不错。

### 3. 学会给商品挑瑕疵

购物时，拿到商品的第一件事就是使劲挑瑕疵，比如质量、做工、图案等。如果实在挑不出问题就挑一些无关紧要的毛病，比如"真是可惜，没有我喜欢的颜色""这个款式已经过时了"之类的话，为讲价增加筹码。

### 4. 不但要砍价，还要注意商品质量

家长培养孩子的砍价能力不光是为了省钱，更是为了培养孩子的理财能力。所以家长应该告诉孩子，不要把讲到最低价钱当作目的，还要关注商品的质量，有时候看似一样的商品其实质量相差许多。对此，家长应该给孩子讲述，每种商品的哪种材质比较好，以便孩子买到物美价廉的商品。

# ▲ 细节67：教育孩子"要用正当手段赚钱"

最近，妈妈感觉儿子宁宁手里的零花钱似乎突然变多了，而她并不记得自己有多给他零花钱，这是怎么回事呢？每每看着儿子买回来一大堆东西，妈妈就心神不宁，几次问他，他都说是靠自己的能力挣的钱，但具体问他挣的是什么钱，他却不回答了。

"宁宁，吃西瓜了。"周末的中午，吃过午饭宁宁正在房间写作业，妈妈把切好的西瓜端了进去。

看见儿子书桌上满满堆了很多书和本子，妈妈心疼地说道："你们老师怎么留了这么多作业，这得写到猴年马月啊。"

"也没多少，很快就写完了。"儿子猛的把桌上的书本推到一边，对妈妈说："妈妈，把西瓜放这儿吧，吃完我再写。"

"嗯，妈妈看看你写的什么。"

"啊……"

宁宁想拦，却已经晚了，此时，一本作业本，已经握在了妈妈的手里。

妈妈看了看，是数学作业本，再拿起一本，还是数学作业本，而且题目一样，字迹也差不多，有一本上面，还有刻意模仿别人字迹的痕迹。

"这是怎么回事？"妈妈合上本子，发现每个本子上的名字都不一样，有两个名字貌似是儿子同班同学的。

宁宁先是低下了头，呆了一会儿，昂首挺胸说道："我在挣钱啊。"

"挣钱？拿别人的本子能挣钱？"妈妈本以为是儿子在抄同学的作业，但听到儿子的回答后，她觉得问题更加严重。

果然，没一会儿，儿子支支吾吾地回答道："我是帮同学们写作业，然后就能挣到钱啊。"

妈妈听完后，严厉地对宁宁说："宁宁，你现在就能考虑挣钱的事情，妈妈很开心，但是你这样挣钱的方法是不对的。以后不能再这么做了，明白没？"

"……哦……"宁宁似乎也知道这样做不太好，不安地低下了头。

　　故事中的宁宁可谓头脑灵活至极，竟然想到通过帮同学做作业赚钱。但是他的"聪明"没有帮助他认识到做作业是学生必须亲自完成的任务，不论找人代写还是代别人写都是不对的，尤其以此赚钱就更是不道德了。

　　其实，如此"机灵"的孩子不只宁宁，生活中亦不乏其人。因此，针对孩子的这种充分利用各种"机会"赚钱的行为，家长必须给予重视，并及时纠正，以免孩子将来做出诈骗、偷盗等违法乱纪之事，造成无法弥补的遗憾。对此，家长可以从以下两方面教育孩子。

### 1. 教育孩子用正确的方法帮助别人

　　家长应该在日常生活中教育孩子，乐于助人是好事，但是千万不要以帮助别人为名害人害己。比如：倘若同学想要抄袭自己的作业，自己非但不能借给同学，还要告诉同学做作业是学生应尽的责任和义务。

### 2. 帮助孩子识别不道德的赚钱方法

　　王爷爷在田田家附近开了一个修车摊来养家糊口。某天，田田问王爷爷："你为什么要收别人钱呢？"王爷爷和蔼地回答："我帮他们修车、打气，这些都是为他们服务，收钱是应该的啊。"那天起，田田就把这句话就在了心里。几天后，邻居刘叔叔来田田家借打气筒，说王爷爷因为有事没有摆摊。刘叔叔用完打气筒还给田田，微笑着道谢，却在刚要走时听见田田理直气壮地说："刘叔叔，打气 2 毛。"刘叔叔顿时愣住，然后尴尬地掏出钱包。刚好这时妈妈走了过来，对田田说："邻居之间互相帮忙是应该的，怎么能要钱呢？如果这样的话，我们家不知道要欠别人多少钱了。"田田明白过来后赶忙向刘叔叔道歉，并且再没有做过这样的事情。

　　由此可见，生活中有些钱是不能赚的，很多时候得到了钱却意味着失去友爱，而孩子还不能作出正确的判断。所以，家长应及时教孩子识别哪些钱可以赚，哪些钱不可以赚，让孩子拥有正确的金钱观。

## 细节 68： 如何改掉孩子爱占小便宜的毛病

妈妈带着10岁的儿子乐乐去参加朋友的生日宴会，一整天都玩的很开心，可是回到家后，妈妈不高兴了。

"乐乐，这是什么？"妈妈拿着儿子脱下的外套，抖了两下，却发现从口袋里掉出了不少东西。

"勺子啊，妈妈真笨，这都不认识。"乐乐笑道。

"可是勺子为什么会在你的口袋里呢？而且……"她把勺子拿在手里摇了摇，说道："这好像不是咱们家的勺子。"

"还有这把小刀，我记得，刚才在朋友家见过……"她说着说着，突然醒悟过来，板起脸来，问儿子："告诉妈妈，这些东西你是从哪拿的？"

乐乐渐渐的，低下了头，小声说："从……刚才的阿姨家……"

"你什么时候学会偷东西了！"

"……我没偷……"

"那这些怎么会到你兜里！"

"我……我只是觉得好看……"

"这就是偷！"妈妈大声教训道。

小乐乐委屈地低下了头，眼泪在眼眶里打着转儿。

像乐乐这样的行为现实生活中也很普遍，虽然他们只是觉得好看随意拿回家而已，完全没有意识到这是偷窃行为，但家长不能掉以轻心。倘若家长不及时采取有效的措施纠正孩子的这种行为将造成无法估量的后果，那么，家长该如何教育才能避免孩子顺手牵羊的习惯呢？

### 1. 明确指出孩子的错误

很多孩子从出生便在家长的呵护下长大，只要自己喜欢家中的任何东西就都是自己的，久之，即使在外面，孩子也自然而然地认为只要喜欢就是自己的，从而觉得拿回家没有什么不对。此时，家长再严厉呵责也于事无补，甚至会让孩子觉得委屈而起到反效果。

所以当家长发现孩子拿了别人的东西时，一定要让孩子从根本上认识到自己的行为是偷窃，是不道德的，并且让孩子认识到这种行为的严重后果。另外，家长在教孩子辨别什么东西是自己的、什么东西不属于自己的同时，还要让孩子把"偷"来的东西还回去，然后诚挚道歉，换取别人的原谅。

总之，家长必须在孩子出现这种行为的最初就给予孩子教育，避免孩子养成爱占小便宜的习惯后，改起来就更困难了。

### 2. 了解孩子"爱占小便宜"的动机

当孩子长到 10 岁左右时，基本上已经能够了解"偷窃"的含义了，但有时会因为不能克制自己的原始占有欲望而"偷窃"别人的东西。这时，家长如果视而不见，会导致孩子的占有欲越来越大、越来越爱贪小便宜。这时，只是让孩子把东西还回去并且道歉已经解决不了根本问题了。为了有针对性地让孩子管住自己的好奇心、增加自制力，家长应该先了解孩子的爱占小便宜的动机。

任何人做任何事都是有动机的，孩子也不例外。首先，家长应该反思自己是不是近日有拒绝过孩子提出买某种物品的要求，或者没有察觉到孩子的某种需求；还要思考孩子是不是仅仅出于攀比的作祟心理，或者被父母忽略了而想引起父母的关注。

了解到动机以后，如果是孩子的需求没有被满足，家长就要多和孩子谈心，对孩子的不正当要求耐心进行分析，正当要求及时予以满足；如果孩子是想要引起家长关注，就要向孩子说明拿别人家的东西会带来的不良影响，并且多表达父母的关爱。

### 3. 用适当的惩罚改正孩子恶习

黄豆豆今年 14 岁，是一名初二的学生。可本该坐在明亮的教室里学习的他，现在却被扭送进了派出所里，理由是—涉嫌偷窃。

"你偷东西了吗？"警察问他。

他点点头，很大方地承认道："偷了。"

"你知不知道这是错误的行为？"

"知道啊。"

"那你为什么还偷？"

"谁知道这次会被抓住啊。"他无辜地耸耸肩。

像黄豆豆这样的孩子，已经完全知道了偷窃是错误的行为，但仍大胆为之的原因就是以前偷的时候从来没有被逮住过，或者被发现了也没有人教育他。

拥有这种心理的孩子性格已经错位，他们经常把自己的快乐建立在别人的痛苦之上，是把偷窃当作乐了。这类孩子性格比较自私，自认为被这个社会抛弃了，所以要报复社会。而他们选择的报复方法，就是偷窃。

想要纠正这类孩子的偷窃行为，父母的态度就要强硬一点了，严厉的批评是不可避免的。另外，适当的惩罚也是允许的。比如，当孩子偷了别人的钱被发现后，父母除了要求他向对方道歉，进行赔偿外，还可以要求其用体力劳动"赎罪"，帮助父母做事或做家务，以"偿还债务"。

## 细节 69： 如何让孩子学会废物再利用

君君的棉袜子破了个洞，他想都没想就扔进了垃圾桶，妈妈看见后，赶紧捡起来，对君君说："洗一洗，晾干了有大用处呢。"

"破袜子能有什么用，妈妈就爱捡破烂儿。"君君撇撇嘴，没当回事，起床去洗手间洗手了。

"妈妈，没有香皂了。"君君在洗手间里喊。

妈妈听见了，拿了一块新香皂走进来，有点疑惑地问："我记得还有一点啊。"

"都拿不起来，扔了。"君君接过新香皂，面不改色地说道。

妈妈听了，叹出一口气，对他说："你怎么又浪费，这些东西以后有大用处呢。"

"都是没用的废物、垃圾，能有什么用？"君君不相信这些东西能有大用处，就笑话妈妈："妈妈你就是太抠门了。"

妈妈笑着摇摇头，捡起香皂头走了出去。

转眼一年过去了，春节将至，和其他人家一样，君君家也准备搞次大扫除，把一年的尘灰扫出去，干干净净的过个年。

可大扫除要用很多工具，比如，洗涤灵、清洁剂、拖把和大量的抹布。这得花不少钱吧，君君觉得因为大扫除而花这么大一笔花销有些太浪费了，便和妈妈商量，能不能少买几样东西，节约一点。

谁知道他刚把想法告诉妈妈后，妈妈竟笑着问他："谁说我们要买清洁工具啦。"

"咦？"君君愣了一下，问："那我们不搞大扫除了？"

"大扫除要做，但是东西不用买。"

"可我们家里没有清洁剂之类的东西啊。"

"谁说没有，喏，全在那个柜子里放着呢。"

君君一溜小跑，跑到妈妈指的柜子旁，打开了最下面的柜门，看见里面竟然有各种各样的"垃圾"——他的旧袜子、牙膏管、肥皂头。

"这些东西，就是我们的清洁剂和抹布。"妈妈说完，就开始张罗起来，肥皂放在热水里煮开，一大盆清洁剂就出来了。君君试了试，竟然比超市里买的还方便。

一些旧衣服被裁成了抹布，擦起玻璃来，又方便又干净，旧袜子做成了拖把，用起来都很棒。

"妈妈，你真是太聪明了，我以后再也不乱扔东西了，全留下来打扫卫生用。"君君嘿嘿笑道。

故事中的君君毫不犹豫将旧袜子和小香皂丢进垃圾桶，见妈妈回收起来还嘲笑妈妈抠门，但妈妈没有计较也没有解释，而是在春节大扫除时将废弃物进行改造，既省钱又好用，以实际行动教育君君要废物再利用。可见，只要转换角度思考问题，日常生活中的废弃物也可以变成宝。

随着现代工业的发展，人们的生活条件越来越好，商品的种类日益繁复，家里的各种生活用品越来越多，与之增长的还有废弃物。这是因为现在的物品大都以功能分类，这种功能结束了人们便认为它没有用了。其实，只要稍加思考和动手，这些物品就能够展现出另一种价值，比如，用看过的报纸擦玻璃，玻璃会光亮无比；将五六个废弃的啤酒瓶盖交错钉在一块木板上可以刮鱼鳞，既快又安全；将废弃的塑料瓶经过剪裁和装饰变成花瓶。还有一些物品可以被延长使用寿命，比如，将不能用的干电池放在手上或衣服上摩擦一会，还能够支持一个闹钟走超过两个星期；每次用过刀片后在旧皮带背面蹭几下，又可以再次使用。

对此，家长可以从以下几方面教孩子正确处理废弃物。

### 1. 教育孩子多角度看待事情

当孩子想要丢弃某件物品时，家长可以引导孩子思考它们还可以怎样被利用；当家里有物品不能用的时候，家长可以和孩子说"就这样丢了好可惜呀，宝贝来想想它还有什么用处吧。"总之，家长要在日常生活中激发孩子的想象力，让孩子学会变换角度看待事情。

### 2. 教孩子制作小手工

家长可以找出家庭生活中比较容易被改造的废弃物让孩子制作小手工，既充分利用物品又培养孩子的创造力、动手能力，还可以成为孩子的玩具。比如，家长可以收集废弃的塑料瓶盖，在每个瓶盖的中心穿一个小圆孔，然后教孩子用线将它们穿成一个玩偶。

### 3. 教孩子废物卖钱

除去必须扔掉的垃圾，家长可以教孩子将家里的各种废弃物进行分门别类放在储藏室，比如，废弃的书刊、报纸、包装箱、塑料瓶等。当这些废弃物积存到一定数量后，带孩子一起将它们卖掉，既处理了废弃物又得到一些收入。另外，家长还应鼓励孩子经常整理家里的废弃物，从而提高孩子的劳动积极性，也可以将所得的钱给孩子一部分增加孩子的动力。

## 细节 70： 让孩子体会创业的苦与乐

秦宝是个有爱心又有责任感的好孩子，别看年纪小，办起事来一点也不比大人们含糊，在小区里，受到了大家的好评和信任，经常把一些鸡毛蒜皮的小事交给秦宝，让他帮大家处理一下。

当然，这些事情一般都很容易解决，比如照顾李家的孩子、寻找赵家的宠物等。

有一天，秦宝和爸爸妈妈在家里看电视，新闻里播放了一条比较有趣的消息，说是一个人在小区里开办了一个万事屋，帮小区里的邻居们解决一些困难。像是换个灯泡、照顾下孩子之类的事情，和秦宝正在做的事情还挺像。

妈妈就开玩笑说道："我看小宝你也去开一个这样的公司好了，又能帮助人，又能挣钱。"

爸爸也点头附和道："我看行，小宝，怎么样，自己当老板赚钱。"

"不行，不行，爸爸妈妈别取笑我了。"秦宝连连摇头，脸都变得通红。

这个时候，刚好有邻居来请秦宝帮忙遛狗，听到他们的谈话后，马上爽朗的笑道："这个主意不错，我们一直受小宝照顾，也不知道怎么回报，这个方法不错，就当给小宝一些零花钱嘛。"

爸爸妈妈又帮秦宝琢磨了一下，觉得这还真是个可行的方案，能让儿子及早接触商业的一些东西，也许是件好事。

"那爸爸当老板，我帮爸爸打工好不好。"秦宝还是有些犹豫，自己当老板什么的，他从没想过。

"爸爸妈妈有自己的工作啊，而且这不是你喜欢做的事情吗？自己当老板，还可以雇你的小伙伴一起帮助小区里的邻居们，大家又能挣到零花钱，何乐而不为呢？"爸爸鼓励道。

秦宝听了爸爸的话后，若有所思的沉下了头，不一会儿，他像是想通了一下，高兴的抬起头，对爸爸妈妈说："妈妈，我想试一试。"

"这才对嘛，初期的成本，爸爸帮你出！"爸爸高兴的把儿子举过了头顶，父子俩欢乐的玩耍了起来。

让孩子自己创业当老板，听起来很荒唐，但却是培养孩子的极好的方法。当然，我们在乎的并不是孩子到底能挣到多少钱。有些孩子平常不太爱说话，父母也可以用这种方法来锻炼孩子的勇气和胆量，在大庭广众下卖东西，就要和人交流，而且更多的是和陌生人说话，这对孩子来说是个大挑战，实施起来，一定很有意思。

让孩子自己当老板，既能锻炼孩子的能力，又能让孩子学会对来自父母及身边的照顾感恩，对孩子的成长有帮助。

### 1. 父母不在，我就是小老板

有份报纸上曾发表过这样一篇报道，8 岁孩子为照顾生病的父母，自愿担任自家小店的"小老板"，帮助父母买卖商品，挣钱养家。

在现实生活中，家里也开着店面的父母不妨抽个机会，让孩子也体会一下"当家作主"，当小老板的感受。没准那时候你会发现，原本什么都不会的孩子，竟然有这么大的本事。

### 2. 教孩子摆摊

孩子从小到大用过的东西不少，但用破用坏的却不多，很多东西修整一下，完全和新的没两样。而且，大多孩子都"喜新厌旧"，用旧的东西就扔到一边，而看见新的好东西，又央求父母帮自己买回来。对于这种情况，父母完全可以借机锻炼一下孩子的经商能力。

## 细节 71： 引导孩子形成正确的金钱观

有这样一个家庭，父亲是某商贸公司的普通员工，每月的薪水不算太多，但他仍然要拿一部分钱接济老家那些没有工作的兄弟姐妹。对此，儿子很不理解，还常常抱怨说："为什么爸爸总要拿自己家的钱帮助别人，怎么不把这些钱给我？"

于是，母亲便告诉他："孩子，一个人有骨气、有爱心，就等于拥有了一大笔财富。而且生活中还有许多东西是比钱更重要的，像安全、幸福等，这些都是拿钱买不到的。所以，你没必要这么看重金钱。"

孩子似懂非懂地点点头。几个星期后的一天，父亲下班回家后告诉母亲："今天公司的小李买彩票中了五十万元的大奖，因为这注彩票是我帮他选的，他说要把奖金分给我一半，但我拒绝了。老婆，你会支持我的，对吧？"

"当然了，虽然彩票是你帮忙选的，但终究还是不属于我们。"母亲平心静气地说。

这话被刚刚放学回来的儿子听到了，他立马大声质问父母："为什么我们不能要，这是人家主动给的啊，难道我们接受了就是不道德的吗？"

"过来，孩子。"母亲温柔地说，"你记得我曾经跟你说过，生活中还有很多比金钱更重要的事吗？别人买彩票中奖，想分给我们一半，这是人家慷慨、讲义气，但我们不能在金钱面前迷失了自己，把原本并不属于我们的东西据为己有，否则会招人厌恶的，你明白吗？"

儿子认真想了想，觉得母亲说的有道理，于是也微笑着说："哦，我明白了。如果让我在'10元零花钱'和'与好朋友一起开心玩乐'之间做选择，我也选后者，您说好吗？"

"好，好，乖孩子，你这样想就对了。"母亲欣慰地笑道。

之后不久，同事就决定尊重这位父亲的选择，不再谈分一半奖金的事，而是请他们一家在比较高档的酒店吃了顿饭，以表达谢意。这顿饭，这位父亲和他的妻子、儿子都吃得很开心，这一天也在他们心中留下了美好的印象。从那以后，儿子也渐渐变得豁达起来，开始用更加积极的心态与人分享快乐，而不仅仅把金钱当做最重要的财富。

金钱不代表一切，我们不能过分看重它而忽视自己已经拥有的其他财富。金钱可以用来购买许多商品，但却买不到情感、快乐等各种精神层面的东西，买不到一个人发自内心的富足感、幸福感。

很多家财万贯的富翁，随过着奢华的令人艳羡的生活，却时常觉得自己很穷，穷得只剩下钱；相反，有些家庭贫困的人虽然生活条件艰苦，时常吃了上顿还要担心下顿没着落，但他们却过得充实，他们的内心不会空虚寂寞。

所以，作为家长，在孩子成长的过程中，除了要尽力为他提高好的生活条件，还应对其进行正确的金钱教育，要避免孩子过分看重金钱。

### 1. 时常提醒孩子不能用金钱衡量一切

孩子在接触金钱之初，往往将其看得很重，有时会给身边的每一件事物"标价"，认为任何东西都可以用钱来度量。这时，家长不妨告诉孩子，很多东西是用钱买不到换不来的，比如"你是爸妈的心肝宝贝，拿多少钱我们都不换"。

教育孩子的过程中，有时家长可以为了一些更珍贵的东西而放弃金钱，让孩子更直接地体会到"金钱并不是人生最重要的东西"。比如，爸爸可以告诉孩子，如果周末去工作，他能挣更多的钱，但爸爸爱孩子，所以要陪孩子去游乐场玩。这样，孩子的假期会因有爸爸参与而更快乐，他会感受到，一家人在一起时的幸福比金钱珍贵得多。

### 2. 鼓励孩子捐款助人

平时生活中，家长应经常鼓励孩子通过捐款、捐物等帮助别人，让孩子获得精神上的满足。渐渐地，孩子就会感受到帮助他人的快乐，也会更加心甘情愿拿自己的零花钱去做更多有意义的事。这样，孩子就能学会创造各种精神财富，而不会过分看重金钱。

# 第七章

## 培养孩子良好学习习惯的14个方法

孩子的天性就是活泼好动，喜欢新鲜事物，而对看似枯燥的学习课程，需要动脑筋的作业等自然兴趣就减弱了。这时候，家长如果强迫孩子去钻研这些内容，往往事倍功半。

因此，本章针对孩子学习中的常见问题，提出了多种解决方法，供家长们参考。

# 细节72：创造条件鼓励孩子多阅读

方女士是某小学的一名优秀教师，在工作上的表现十分出众。几年前，方女士生下了一个可爱的女儿，女儿的个性很像她。后来，女儿渐渐长大，有学习的能力了，方女士便开始教她读书写字。可没想到，女儿在这方面竟完全不像她，一点儿都不喜欢阅读，除了看画，书上的文字她几乎都不瞟一眼。

作为一名教师，方女士认为小孩子不阅读，就无法提高学习能力。所以，她打定主意，无论如何都要让女儿喜欢阅读。为此，她时常给女儿买许多儿童读物，然后每天晚上都要求女儿读书给她听，每次读半个小时到一个小时。

刚开始，书上的很多字她还不认识，方女士就让她先读出自己认识的字、词、句，之后再教她认更多的字，但每次教她的时候，她都很抗拒。后来，女儿又长大了一些，在幼儿园里学到了不少知识，但她仍然不喜欢阅读，每天都要让方女士使劲儿地催或者用些"威逼利诱"的手段，她才会不情不愿地阅读一会儿。

最近，方女士发现女儿的阅读能力比其他同龄的孩子要差一些，于是就更希望女儿能利用空闲时间多读书。可没想到，她催得越紧，女儿对阅读就越抵触，后来她还常常因此而批评、责罚女儿，结果女儿更加讨厌阅读了。

这样的结果并不是方女士愿意看到的，她也没想到，自己教了那么多学生，却怎么也劝不动自己的孩子。在无奈的同时，她也感到困惑：到底怎样才能让孩子爱上阅读呢，什么样的方法才最有效呢？

对孩子来说，阅读的重要性是不言而喻的，这直接关系到孩子将来学习状况的好坏、知识水平的高低以及个人修养、人品素质的好坏。但是，孩子天性好动、爱玩，且年龄较小的孩子在阅读方面有一定难度，要让他爱上阅读可不是件易事，家长需要从多方面入手去引导他、鼓励他。

具体来说，要让孩子喜欢阅读，家长可以尝试以下方法：

## 1. 鼓励孩子认真听书

年龄较小的孩子，其识字量和理解能力还很有限，这时让他自己读书肯定读不进去，如果强迫他，还会让他对书籍产生更强烈的抵触情绪，导致长大后也很讨厌读书。

所以，针对这种情况，家长不能始终按照自己的想法要求孩子，不能采取强制阅读的手段，但可以通过为孩子读书、讲解书中内容的方式，让他毫不费力地了解书中的世界。而在孩子听书的过程中，家长可以把有关某一部分内容的背景知识穿插进去，让孩子多思考、多提问，然后边读边和孩子讨论。读到一些比较简单的地方，家长可以鼓励孩子自己阅读一会儿，这样他也会很有成就感，今后会对阅读更有兴趣。

### 2. 鼓励孩子与小朋友们多交往，让他们相互学习

小男孩孟孟开始独立阅读的时候，已经是小学三年级了，此前爸妈虽然也经常培养他的阅读能力，但他自己始终不太上心，有时甚至会发脾气说："我就是不爱阅读，你们为什么总要逼我？"

但上三年级之前的那个暑假，孟孟的好朋友晓龙来找他玩。走的时候，孟孟的妈妈将一套有意思的漫画书送给了晓龙，这套书放在家里很久了，孟孟一直都没动过。

那次，晓龙将漫画书拿回家后，一口气就读完了，喜欢得不得了。几天后他再和孟孟一起玩，讲起漫画书里的情节时眉飞色舞的，逗得孟孟很开心。于是，孟孟的胃口也被吊了起来，他又去晓龙家拿来那套漫画书自己看，结果一看就入迷了。待他再次和晓龙碰面的时候，两人聊的话题都围绕着那套漫画书，他们互相讲着书里的内容，还时不时比比谁读得更仔细、记得更清楚。而从那以后，孟孟阅读的心理障碍被打破，渐渐将此当成了一种乐趣。

很多时候，孩子们相互间的影响要比家长对他们的影响更大。所以，要让孩子喜欢阅读，家长不妨鼓励孩子和周围一些爱读书的小朋友多交流，让他们在一起聊天、玩游戏的过程中相互学习、共同进步。

### 3. 时常带孩子逛书店、去图书馆

平时生活中，即使孩子不会读书会不喜欢阅读，家长也要时常带他去图书馆或逛书店，要先让他认识到读书是人们生活的重要组成部分，然后让他感受书店、图书馆里人们认真阅读的氛围。

在给孩子买书的时候，家长不能按照自己的喜好或教育理念为其挑选图书，对于孩子喜欢的、娱乐性较强的书籍、报刊等，只要内容健康，也可让孩子多阅读，从中多挖掘一些信息。

# 细节73：让孩子喜欢上背诵

国国今年刚上小学一年级，是个既听话又能干的男孩子，不管是什么"任务"，只要交给他，肯定能漂亮的完成，不过，这些任务必须得和记忆力无关。这是为什么呢？因为国国什么都好，就是记性不好，经常忘东忘西。所以，对国国来说，最难的一件事，恐怕就是背诵课文了。

邻居家小妹妹却正好和国国相反，不仅在一岁多的时候就就可以自己编些非常简单意思明了的儿歌来唱，两岁的时候已经背出很多唐诗了。之后的一两年里，小妹妹又把《三字经》、天干地支和二十四节气歌等背了下来，和国国相比，真不知道聪明了多少倍。

国国妈曾经发愁地问邻居："你是怎么让女儿背会了这么多知识的？"

邻居摇摇头，回答道："我也没做过什么啊，只是在平时多鼓励她看书、背书，死记硬背就行。而且，孩子的接受能力比成人差，所以我没敢让她背太多东西，一个月背几首诗，和一首较长篇的文字就行了。"

后来，国国妈又向其他身边的朋友请教，大家也都说培养孩子的记忆力，应该从小做起。多鼓励孩子看书，让他从小就开始学东西，背东西，这样孩子就能慢慢的记得多、记得快了。国国妈了解到周围比较聪明的孩子也是小时候就会背诗还有三字经，大概也就是从两三岁开始背这些东西的。而且背的内容一般不会太多，从短到长，从易到难。

那就是看得越多，背得越多越好？国国妈还是不太理解。

邻居对国国妈说："孩子还小的时候，背的东西多也没用，因为这时候他们的记忆力是有限的，长大后就会把这段时间背的东西忘得一干二净。但是却能用这种方法开发孩子的记忆力，而且，这些知识经过日积月累，孩子会把所学的东西都印在脑子里，虽然一时忘记了，没准哪天又会记起来，出其不意的背出来呢。"

"而且，背诵也是有方法的，具体要用什么方法，因人而异。所以我觉得你现在不应该急着怎么让国国背出东西来，而是应该对国国进行全面的了解和观察，找到最适合国国的阅读和记忆方法后，再让他开始背课文。"

国国妈觉得邻居说得很有道理，但她还是很迷茫，到底什么才是最适合儿子的教育方法呢？她不知道要从哪里开始找方法。

如同故事里邻居小妹妹这样聪明伶俐的孩子生活中很是常见，而若国国这般愁煞父母的孩子也并不少，这些父母往往就觉得自己家的孩子背书不用心，或者干脆觉得孩子记忆力不好，其实不然。

专家表示，对孩子而言，理解再记忆远比机械的效果好得多。所以，那些想通过背诵促进孩子记忆力发展、培养孩子集中注意力、让孩子形成良好学习习惯的家长来说，可以先利用各种方式让孩子领会文章的内容，然后反复诵读直至形成记忆。这样既减轻了孩子的负担，又消除了父母的担忧。那么，究竟怎样才能得到这种一箭双雕的效果呢？

### 1. 从易到难教孩子背诵

家长可以选择一些琅琅上口的诗文教给孩子，比如简洁明了、生动有趣的儿歌，孩子在学习唱歌的同时就背诵了内容。一段时间以后，家长可以稍稍增加难度，选择一些脍炙人口的古诗，比如《锄禾》，通俗易懂又可以让孩子产生节约的意识。家长在逐渐增加难度的同时，还可以鼓励孩子将诗文中的内容想象着画出来，以巩固记忆。

### 2. 教孩子辨认易读错的字

在教孩子背诵之前，家长应先读给孩子听，并且让孩子看着文章，然后将出现的生词解释着教给孩子，再给孩子讲如何区分相近字或同义词，以免孩子产生混淆，随之让孩子尝试造句确认孩子是否真的理解，比如，"看"和"观"，"看"就单纯的表示用眼睛去看，随意一看也可以是看；而"观"则是认真地看，包含了想等更丰富的内容。当孩子文章全面理解以后，家长再令其熟读成诵。

### 3. 教孩子声情并茂地背诵

相关资料显示，朗读是传统的语文学习方法，不仅能够培养说话能力和写作能力，还能加强记忆。所以，在孩子对文章领悟无误以后，家长可以让孩子大声朗读并从旁纠正吐字发音。当孩子对文章想要表达的东西产生一定的感知和想象后，记忆起来也就尤为容易，而且深刻了。

# 细节74： 让孩子养成课前预习的好习惯

云云放学回家后就把书包一扔，坐在沙发上看起电视来。妈妈从厨房里走出来，看了她一眼后，对她说："先写作业再看！"

云云冲妈妈摆摆手，笑道："妈妈，我作业已经在学校写完了，让我看一会儿电视嘛。"

妈妈想了想，就说："那看半个小时，半小时后就不能看了。"

"那我做什么啊。"云云不知道她除了看电视，还能做什么。

妈妈无奈的叹了口气。虽然女儿的成绩一直很好，但难保哪一天不会因为松懈而被人超过去。而且，最近云云确实整天无所事事，写完作业就看电视，要不然就是和同学、朋友出去玩，长期下去，她的成绩真的会下降的。

为什么不考虑多学点知识呢？妈妈真想好好教训教训她，但考虑到女儿的立场，她还是压下了心中的不悦，对女儿说："作业写完了，可以预习一下明天要上的课啊。"

谁知道，女儿却撅着嘴说道："预习？妈妈你怎么和老师一样，都说这样的话，我学习这么好，还用预习？没劲！"

"哟，你这是还没尝过预习的好处吧？"妈妈问。

云云有些不耐烦了，小声说："预习还能有什么好处，不就是提前知道明天要讲的内容嘛，真的，我去预习还不成么。"说完，就拎着书包回了自己房间。

不过妈妈却发现，云云只是随便地打开书看一看，就像走马观花般一扫而过，然后就算是预习了。

这样的预习对学习有用吗？

妈妈忍不住来到女儿旁边，对她说："授之一鱼，只供一餐；授之以渔，可享一生。"

"啊？什么意思？"

"意思就是，你草草看一眼，只是吃到了一条鱼，吃饱了一顿，但是课本里有多少鱼啊，你只吃到一条，接下来不是要挨饿了，应该认真的多'捞'些鱼上来，享用一辈子。"妈妈把刚才的话和预习联系在一起，耐心的同她讲起了其中的道理，并把预习的好处讲给她听。云云听着妈妈的话，一会儿点头，一会儿摇头，突然想到今天上课的时候，老师问了一个问题，其他同学都回答不上来，而这个问题她昨天正好在看书的时候看到了，所以全班只有她回答了出来，受到了老师的表扬。每当想起老师表扬她的那一幕时，她就格外高兴，看来，这也是预习的好处之一吧。

想到这里，云云决定今天也要好好进行预习。

云云还是一个孩子，爱玩是很正常的，而妈妈也采取了正确的教育方式，从而将云云不喜欢预习的习惯和平解决，且效果良好。那么，这个故事能够带给我们哪些启示呢？

教育学家和心理学家通过研究表明，孩子在课堂的注意力是呈曲线变化的，最初的10分钟慢慢进入状态，接下来的10～30分钟思维都比较活跃，但随后精力愈加难以集中。换而言之，孩子在45分钟的课堂很难从始至终保持注意力不分散，只有部分学习时间是有效的。而预习，就是针对这一情况而提倡的。孩子在业余时间进行预习后就可以有目的地听课，不至于让那些自己不会的东西因人力不可控制的因素继续不会。另外，预习还可以培养孩子的自学能力和独立思考能力。

面对如此重要的预习，家长可以通过以下几个方面对孩子进行督促和辅导。

**1. 了解孩子的预习情况**

首先，家长应给予孩子一个良好的学习环境。然后，关注孩子是否可以主动进行预习；预习时是敷衍了事，还是专心细致；在专心细致的前提下，是否进行思考，将有疑问的地方做出标记；有疑问以后，是否参考工具书尝试自主解决；自己认为预习好以后，是否通过习题检测自己懂的地方真的懂呢？

**2. 有针对性地进行辅导**

家长在准确了解孩子的预习情况以后，就可以根据孩子的不足之处进行辅导和督促了。假如孩子不能主动预习，家长需要耐心地给孩子讲述预习的好处，从而让孩子发自内心地想要去预习，随之也就避免了敷衍了事；若孩子只是对课本进行通读，家长可以适当地提出给孩子一些需要思考的方面，比如，孩子预习课文时，需要思考文章的主旨等；如果孩子通过思考和参考书依旧不能够解决，就要告诉孩子标记下来，第二天上课的时候注意听这方面；当前面的问题都解决后，家长可以鼓励孩子做一些练习题，并将不会的地方用另一种颜色的笔标注出来。

长此以往，孩子就可以养成良好的学习习惯，在没有家长督促和辅导的情况下也能进行细致系统的预习。

# 细节75：和孩子一起制订科学合理的学习计划

儿子学习很没有计划，经常是东学一下，西看一下，到最后，学习成绩一塌糊涂，连他自己都不知道这一学期到底学了些什么东西。

为此，爸爸和妈妈十分头疼，想了很多方法纠正他没有计划的毛病，可惜效果都不明显，一开始儿子还知道配合一下，不过渐渐的就又回归本来"面目"了。

妈妈向朋友诉苦，朋友听了之后，拍着她的肩膀说道："没计划啊？我有妙招，保证管用。"

原来，朋友家的女儿本来也是个没有计划的孩子，但后来朋友的女儿发现了朋友的一个记事本，而改变了这一毛病。

朋友很喜欢用记事本记东西，从上学的时候就有这个习惯，一直到工作的时候，还保留着这一习惯，这么些年，光她用过的记事本，就有一大箱子了。而她的记事本里有一项重要的内容就是—计划，各种各样、大大小小的计划。

从新年的第一天开始，朋友就会列出一年的大计划；每个月的开始，再列一个月的月计划；再有，就是周计划，甚至每一天，朋友都会在头一天晚上做出详细的计划来。

自从有了这些大大小小的计划，朋友做事从来没有耽搁过，而且各种效率也提高了。

有一次，她女儿不小心看到了她的记事本，觉得很好玩，也按照上面的计划表，为自己如何吃面包做出了一个小计划。

她女儿在一张纸上写道："1. 先打开冰箱，把面包拿出来；2. 把面包拿到饭桌上；3. 打开包装；4. 抹上果酱；5. 开吃！"

虽然是个很幼稚的计划，但女儿突然觉得提前做出计划的方法很好，于是以后每次做事情以前，都会列出时间和先后顺序，尤其是写作业的时候，有了这样的计划表，她写作业的效率提高了不少。

听从了朋友的建议，妈妈不仅为儿子买了一个记事本，还为全家每个人都准备了一个本子，然后对家里人说道说："从今天开始，我们全家互相监督，都要学会有计划的做事情，每个星期，我们互相检查对方的计划本，看看谁做的计划最详细，最有用。"

就这样，儿子慢慢地学会了为自己做计划，并且做出了很多有用的学习计划，学习成绩提高了不少。

孩子的心性还没有稳定，因此做事常常三分热度，那么出现像故事中儿子的这种现象也不足为奇了。更为令父母头疼的是，孩子屡教不改，做事依然一塌糊涂。但故事中的其他几个人物都告诉我们，明确目标，实现目标才有保证，并且小主人公也为我们验证了这一点。由此可见，教育孩子做事前制订计划是多么重要，尤其是学习计划。

荀子有言：不积跬步，无以至千里；不积小流，无以成江海。每一个大目标都是在实现无数个小目标的基础上实现的，而每一个小目标也是经过无数个小步骤积聚才达成的。推至学习，一个具体可行的计划能够让孩子消除迷茫、在相等的时间里更高效率地学习，而且可以让孩子在一个阶段结束后通过实际和计划之间的差别扬长避短，从而不断进步，并养成良好的学习习惯。对此，给家长提供以下建议。

### 1. 了解孩子的学习内容

家长一定要先了解孩子的学习内容，然后根据实际需要选出主要的科目帮助孩子制订相应的学习计划，至于那些次要的，家长可以在提出一些可行步骤后让孩子自己安排。比如，对于小学期间的孩子来说，语文、数学和英语是重要课程，那么家长着重安排这三门即可，其余的就可以让孩子自由发挥，为孩子以后自己制订计划做好铺垫。

### 2. 教孩子制订合适的学习计划

相对于帮助孩子制订学习计划而言，教孩子如何自己制订则显得更为重要。对此，家长可以先让孩子结合自身的情况制订一份学习计划，然后再对不合理的地方进行指正，并且讲明原因，让孩子下次制定时避免类似的状况。总之，要在商讨之后得出一份有针对性的、劳逸结合的学习计划表。

需要特别关注的是，这份计划表不仅要有大目标、阶段性目标，还应有更为详细的信息，比如，想要在某一阶段将数学成绩提高 10 分，就要在其后具体标明：

选择题 2 分，每天做 5 道选择题；计算题 4 分，每天做 5 道选择题；应用题 4 分，每天做 3 道应用题等。

另外，制订好学习计划表以后，家长还应随时督促、辅导，以免孩子因贪玩而让计划表失去原有的意义。如果孩子按时完成了计划，并且实现了目标，家长应给予适当的奖励以示孩子再接再厉。

## 细节 76： 让孩子养成记笔记的好习惯

妈妈在检查儿子作业的时候发现，儿子的书包里，几乎没有笔记本。这是怎么回事呢？难道儿子很聪明，不用上课做笔记就能记住老师讲的所有知识？

妈妈低头看看儿子的成绩表，否定了这个答案，那么，就是儿子偷懒，从来不记笔记？这可不行，妈妈知道做笔记是一个非常好的学习习惯，对孩子学习非常有帮助。

所以，妈妈找来儿子，问他："你为什么不做笔记？"

"不会！"儿子很干脆地回答道。

儿子这倒是实话，据妈妈所知，很多孩子确实不知道怎么记笔记，要么在本子上胡乱写些东西，要么就把老师讲的全部记下来，没有重点。

可就算不会记，那也不能懒得什么也不记啊？妈妈不由得板起了脸，认真地对儿子说："俗话说得好，好记性不如烂笔头，老师讲课的时候，肯定提醒过你们，哪些需要记，哪些不需要记，有不懂的地方，就要马上记下来啊。"

儿子撇撇头，说道："可我都听懂了啊。"

"都听懂了你成绩还这么差？"妈妈对儿子说："你可能当时真的听明白了，但那只是上课的时候懂，并没有把那些知识真正记在自己脑子里，没有转化为长期记忆，所以，必须得在课后反复的复习，才能真正的明白。可是课后怎么复习呢？老师不可能把同样的知识给你一遍一遍的讲清楚，所以，这时候就需要笔记了，打开笔记，老师讲的内容都在里面，复习起来不是很方便吗？"

"哦，那我知道了，我明天开始记笔记。"儿子点头答应了下来。

妈妈以为儿子终于明白了，高兴的拍拍他的头，可是第二天，当儿子拿着自己记的笔记回来的时候，妈妈愣住了。

她只不过是忘记提醒儿子，结果儿子果然把老师讲的话全部写了下来，就连老师咳嗽一声，他都写在了本子上。

"儿子，你到底会不会记笔记啊！"妈妈气得浑身发抖，儿子却还是昨天那句话："不会！"

俗话说："好记性不如烂笔头。"孩子在上课时把教师讲的内容记下来，有利于减轻复习负担，提高学习效率。但是，孩子常常盲目地记笔记，却没有听好课，反而影响了学习效果。

这样的孩子有个特点，就是老师讲课，他在下边记录，老师讲完了，他还没有抄完，就继续抄写。最后，笔记做得很工整，但老师讲的内容却没有听进去多少。原本，记笔记是对听课的一种补充，结果孩子本末倒置，课程还是没有学会，课余时间又有限，学习效率大打折扣。家长可以教孩子用以下三个方法提高记笔记的效率。

### 1. 只记重点和难点

孩子在做课堂笔记的时候，不能只顾低头书写，主要还是听课，只有老师说到重点地方和自己不懂的难点时，才记下来，课后自己温习或者再向老师同学请教。其实，即使孩子全身心记笔记，一堂课下来，也只能记住老师讲的内容的一半，剩下一半就会忘记。而记录重点和难点，则能消化绝大部分知识。

### 2. 提高记录的效率

孩子记笔记往往像写作业时的工工整整，而且写字速度较慢，就会漏下很多内容，家长可以教孩子提高写字的速度，不必要求工整和语句通顺，只要自己认识，能记住其意思就行。在孩子稍大些时，家长还可以交给孩子简单的速记方法，教会他以自己的方式做笔记。

### 3. 做好课前准备

孩子记笔记效率低下还有一个原因，就是工具不理想，家长可以给孩子多准备几个笔记本，笔记本最好的大开本的，这样不用频繁翻页就能记录很多内容，同时，给孩子准备好书写流畅的圆珠笔，而铅笔和钢笔则其次。还可以给孩子多准备几种彩色的笔，供其在书本上标记。另外，孩子记笔记时，可以优先考虑在课本的边白上记录，这样便于复习，也便于跟着老师的讲课看书上的相关内容。

## 细节77：家长如何锻炼孩子的学习毅力

笑笑学习很难静下心来，一学习就显得非常烦躁不安，问她是不是不想学习，她却回答自己其实是非常想学习的，但就是没办法集中精力投入到学习中去。

妈妈笑骂："是不是觉得，学又学不进去，不学又没事干，摇摆不定，没办法向前迈步呢？真是个没毅力的家伙。"

"对对，毅力，我就是没毅力嘛，感觉一学习就浑身无力，一点激情也没有。"笑笑苦恼地说道。

妈妈拍拍她的头，笑道："你还知道自己没激情啊，那怎么办？想办法锻炼一下自己的毅力怎么样？"

"我想锻炼啊，可是自己很矛盾。想锻炼，又使不上劲儿。"笑笑幽幽地叹了口气，真不明白自己这是怎么一回事，难道纯粹是因为懒，怕麻烦？"有什么好矛盾的？"妈妈问她，她想了想，回答道："怕又坚持不下来，到时候又做不到，不是很没面子。"

妈妈听完后，边摇头边对她说："但你也要明白'少壮不努力，老大徒伤悲'这一道理，往往当你彻底想明白应该如何努力的时候，可能你已经失去了明白它的最好机会！所以，为了不让自己后悔，还是在平时就让自己多努力努力。调整好心态，奋发图强！"

"那我该怎么做？"笑笑问妈妈。

妈妈托着下巴想了好一会儿，才对她说："你是不是上课的时候也没办法认真听老师讲课？"

"这个嘛……"笑笑不好意思地低下了头，小声回答道："偶尔，会闪神儿……"

"那我们先从认真听讲做起吧。"妈妈说："首先咱们先保证一节课45分钟不走神儿。你在上课的时候尽量排除外界的干扰，控制自己的思想，不要去想和学习无关的事情，认真听老师讲课，回答老师提出的问题，一开始可能不会完全做到，不过咱们慢慢来，我相信，你一定能有毅力做到的。"

听了妈妈的话后，笑笑也觉得自己好像能做到一样，高兴地点了点头。

荀子说：锲而舍之，朽木不折；锲而不舍，金石可镂。可见，毅力是信心、决心、恒心的集中体现，是克服困难、实现目标的必备品质。而故事中的笑笑正是缺乏这一种"心理忍耐力"，想要学习静不下心来、想要改变害怕坚持不下来，所以矛盾不堪。产生这种现象的原因是多方面的，但家庭因素是最重要的。现在大多孩子都是独生子女，在家长的呵护和迁就下长大，没有吃过苦、做事任性而为，甚至常常半途而废。面对孩子这种毅力严重缺失的情况，家长可以在不需改变优越生活条件的前提下使用适当的方法培养孩子的毅力。

### 1. 从体育活动入手培养孩子的毅力

刚开始的时候，家长可以鼓励孩子积极参加那些自己喜欢的体育活动，然后逐渐增加频率，让孩子将体育活动转变成体育锻炼。长期坚持，不仅可以培养孩子做事持之以恒的素质，让孩子在面对困难时有信心和决心，还能提高孩子的身体素质。

### 2. 适时鼓励孩子再坚持一下

《战国策》中有一句甚是勉励人善始善终的名言：行百里者半九十。它告诉人们，做事愈是接近成功愈是困难，愈是要认真对待。因此家长也可以常用类似的名言鼓励孩子再坚持一下，千万不要随着时间的流逝，失去最初的动力和决心，最后草草了事，甚至放弃。

当孩子真的坚持下来，从成功中体会到喜悦后，就会愈加明白毅力的重要性，久之便会形成习惯。另外，家长还要告诉孩子，只要坚持了，即使失败也没有关系，因为坚持过了至少就不会后悔或者遗憾，只要一直坚持下去，终有一日会取得成功。

### 3. 及时鼓励孩子在学习中多坚持

对孩子而言，上课、写作业似乎是一件枯燥而且无休止的事情，因而培养其耐性比较难，但家长可以像故事中的妈妈鼓励笑笑一样，从上课认真听讲开始，积极回答老师提出的问题，刚开始可能做不到，但慢慢来，并且对孩子表示出坚定的信心。此外，家长还可以告诉孩子将生活中那些获得成功的经验运用到学习上。孩子获得的鼓励多了，自然就拥有信心、决心和恒心了，良好的学习习惯不知不觉中也就养成了。

# 细节 78：生活中如何培养孩子的观察力

敏锐的观察力，是孩子创造力的源泉，对其今后的智力发展起到十分重要的作用。心理学家认为，观察是智力活动的基础，也是一个人生活中所必须的能力。生活中，人们评价一个人的智力水平时常用"聪明"或"不聪明"两个词，而聪明的意思是耳聪目明。由此也可看出，以感知为基础的观察力，是孩子聪明大脑的"眼睛"，即让孩子多看、多听、多接触各种事物，积累丰富的知识经验，他才能在遇到难题时更好地发挥自己的聪明才智。

所以，作为家长，要培养孩子的创新能力，首先就应训练其观察力，让他耳聪目明。具体而言，家长可从以下方面入手训练孩子的观察力：

### 1. 保护好孩子的感知觉器官

孩子的感知觉器官是孩子感知世界的基础，离开了这些器官，一切都是空谈。所以，家长一定要保护好孩子的感知觉器官，告诉孩子哪些事情会伤害他的这些器官，比如，不可以长时间看电视、玩电脑；听音乐的时候声音不可以过大等。除此之外，家长还可以做一些促进孩子各项器官发育的事情。

### 2. 让孩子观察自己感兴趣的事物

通常来讲，活的、动的物体和色彩鲜艳的东西比较能够引起孩子的兴趣，比如，孩子喜欢观察蚂蚁成群结队地搬家、蜗牛沿着墙面向上爬、摆在桌上的艺术品、色彩艳丽的服饰等。所以，家长在训练孩子的观察力时，可以先建议孩子观察那些孩子有兴趣的事物，让孩子在满足自己好奇心的同时培养观察的好习惯。

### 3. 时常变换孩子所处的环境

当孩子处在同一环境太久时，就会因为过度熟悉而丧失新鲜感，从而毫无观察的兴趣。针对孩子这种渴望生活丰富多彩的特点，家长可以适时改变孩子所处的环境，方法大致有三种。

第一种，每过一段时间以就更换家中物品的摆放位置，或者添加新的摆设。

第二种，经常带孩子去别人家做客，让他在别人家找到感兴趣的事物进行观察，但要提前告诉孩子，如果想要触摸一定要征得主人的同意。

第三种，定期带孩子进行户外活动、旅游等，让孩子走进人群、亲近大自然。在外面那个广阔的世界中，定然有许多形形色色的事物能够引发孩子的新鲜感，这样不但可以培养孩子的观察能力，还可以增加孩子的阅历。

### 4. 教给孩子多种观察方法

由于生活经验限制，孩子还不太讲究观察的方法，这就需要家长给孩子提供一些有效的方法了，例如，放大观察法，给孩子一个放大镜，让孩子去观察那些比较微小的事物，或者让孩子对已经熟悉的事物进行再度观察；对比观察法，家长可以让孩子观察一些存在共性的事物，如玫瑰和月季花，然后让孩子通过观察、对比找出它们的共同点和不同之处，从而对事物产生全面、细致的了解；观察结合动手法，除去单纯地观察，家长还可以鼓励孩子在需要的时候动手去了解事物的本质，并且记录结果和心得。

## ▲ 细节 79： 怎样教孩子认真做事

自古至今，凡是能够成就伟业的历史名人们，都有一个共同的特点，那就是：认真细致。而这种性格的形成显然不是一蹴而就的，而是从小就养成的习惯使然。现在，孩子们的生活和教育条件，比之古人们强出太多了，但往往学不好知识，做不好事情，让家长们甚为头痛，这既和孩子年龄小本就"坐不住"有关，也和孩子自小所受到的家庭教育中缺少"认真细致"这一内容不无关系。

既然如此，眼看着孩子一天天的长大，怎样才能给他补上这方面的内容呢？我们一起来看看儿童教育专家提出的两个简单易行的方法。

### 1. 用围棋、绘画等方式教孩子学会耐心细致

孩子的天性就是活泼好动，喜欢对新鲜事物，而对看似枯燥的学习课程，需要动脑筋的作业等自然兴趣缺缺了。这时候，家长如果强迫他们去钻研这些内容，效果往往事倍功半，而如果从锻炼他们的耐心入手，这方面的性子磨炼一段时间后，再提高学习成绩就会好很多了。对家长来说，用围棋和绘画来吸引孩子的兴趣，进而在钻研这里面的学问的同时，让孩子逐渐学会认真细致地学习和做事，是个不错

的选择。

### 2. 父母故意"粗心"，不帮孩子"兜底"

海洋今年上五年级了，可他还是像以前一样做起事情马马虎虎。这个性格让老爸老妈很头疼。平时写作业，他多多少少都会出点错。哪怕是一张刚刚讲解过的试卷让他改错题，他都能改出点毛病来，不是点错小数点，就是抄错数字。

"洋洋，你什么时候才能认真细致地对待自己的作业，不出这么多错呢？"妈妈很无奈问他。

"怕什么，反正你和爸爸每天都会给我检查的。交给老师的作业全都正确不就齐了？"海洋大大咧咧地说出了自己的理由。

原来如此。妈妈和爸爸悄悄商议了一会，就给海洋检查当天的作业。然后很高兴地对他说"今天做的不错，都对了。"海洋美美地将作业收进书包。

第二天放学回家，就见海洋一脸的不高兴。"爸爸、妈妈，你们也太粗心了。我昨天的作业明明错了两道题，你们都没有看出来。今天老师还批评我对待作业不认真！"

"哈哈，你终于知道认真细致的重要性了。这件事我和你妈妈没有责任，你要自己明白自己为自己的作业负责才是！"海洋觉得爸爸的话有些道理。以后写完作业，他都会自己检查两遍。自己能做好的事情就不依赖父母，这种成就感让海洋觉得自己很了不起。

洋洋的故事有一定的代表性，当孩子写完家庭作业后，不少家长都会将他的作业本拿过来看一下，一是了解孩子的学习进度，二是看看孩子写的有问题没，发现错误的地方，自己也可以及时纠正嘛。而这种关怀的行为往往会让孩子形成这样的印象：反正爸爸妈妈最后还要看一遍呢，有问题他们都会说的，我就不必那么认真了，最后写完的检查也是应付下就行。这种情况下，家长不妨学学洋洋爸妈的方法，不管"审查"了，让他为自己的粗心大意受受教训，既能会让孩子真正意识到"认真细致"的重要，还能让他们明白"凡事应该依靠自己"，不能全依赖父母。

## 细节80：用"效率教育"提高孩子的学习成绩

小贝是个10岁的女生，今年刚上四年级。以前每次听到同事抱怨自己的孩子有"多动症"，总是毛毛躁躁静不下来，小贝妈都会庆幸自己的女儿不急不躁、沉稳安静，让他们两口子少操了很多心。

可是四年级的作业量陡然加大，打的小贝一家措手不及。以前轻轻松松就能解决的家庭作业，现在不到晚上十点都做不完。孩子还是长身体的时候呢，睡眠时间都保证不了的话，怎么能健康成长呢？

小贝妈问了问小贝的同班同学，知道人家每天8点钟就能洗澡睡觉了。她意识到自己的女儿虽然细心，但学习效率太低了，这样参加考试的话会很吃亏的。

从此小贝每天放学回来，妈妈就陪着小贝写作业。看着孩子认真、细致地一道题接一道题的慢慢计算，不知不觉一个小时就过去了，数学还没有写完呢。小贝妈发现女儿虽然没有一边写作业一边玩，但是她做一道加减乘除混合运算的题竟然用十分钟的时间，也太慢了点。

吃过晚饭背诵课文吧，一篇在家长眼中很短的文章，小贝用了半个小时还没有背下来。你看着她在那一遍又一遍的朗读，读完之后还闭上眼睛回忆课文内容，那么认真让人不忍心催她快一点。可是还有英语和科学需要预习呢，什么时候孩子才能洗澡睡觉呢？小贝爸妈由孩子写作业慢推及到做其他事情，很沮丧地发现自己的孩子无论做什么事情都没有考虑过"效率"这个词。她总是按照自己的方式做事，虽然做得很好，但时间比别人多用了一倍还不止。

孩子做事磨蹭，没有效率是很多家长都苦恼的事情，这样的孩子往往将一小时能完成的作业拖成三四个小时才勉强搞定，即使是家长批评也只是好上一会儿，等家长一回头就又故态复萌了。孩子之所以出现这种情况，主要原因是年龄小，自记事开始在家里无论是学习也好玩耍也好，都没有很强的时间效率要求，大都是随着孩子的兴致来，导致孩子上学后，才开始这方面的要求。

然而，习惯的力量是强大的，要想让孩子改掉这种学习拖拉、没有效率的状况，需要家长从根源入手，逐渐改变孩子的学习习惯。具体来说，家长的"效率教育"可以从以下两个层面入手。

### 1. 教孩子学会集中精力

家长可以先从孩子喜欢的课程入手，如唱歌、小实验等都可以，告诉孩子"在唱歌的时候不想其他事情""把和音乐无关的玩具从钢琴上拿走"，给孩子一个安静的学习环境，然后让孩子尝试集中精力学习，一般在自己喜欢的课程方面，孩子的精力比较容易集中，持续的时间也比较长。在此基础上，家长可以和孩子一起讨论这样学习的好处，这么短的时间就高质量完成了学习任务，不但是聪明的表现，还可以有更多的时间自己支配，如玩耍啊，看课外书啊等等都可以的，以提高孩子的兴趣，促使他在其他课程上也提高效率。

### 2. 对孩子进行时间管理

佳乐也是一个四年级的小女孩，她在期中考试的时候还没有写完题目就到了交卷时间。成绩当然很不理想，好强的佳乐哭了。

"妈妈，剩下的题目我会做的，可是没有时间了……"妈妈很心疼女儿，向一位资深的老师请教之后，受到了一些启发。她和佳乐一起制定了一个时间表，把每天必须做的事情都写了下来，还规定了一个标准时间。娘俩商量好，谁要是在规定时间内完成该做的事情，谁就能积一分，每累积十分就可以满足对方一个要求。但是如果没有在规定时间内完成的话，就要被扣掉一分，扣完了就要扫地或者洗碗。

佳乐在这个既有奖励又有惩罚的方案推动下，明显加快了办事效率。

在教孩子学会集中精力后，家长就可参考佳乐妈的方法，和孩子一起制定个切实可行的日常时间管理表，每天的主要安排、大致花费的时间都写好，当孩子能按照时间表完成学习任务时，就会得到表扬，当孩子的效率进一步提高时，更可以得到更重的奖励，让他体会到成绩、玩乐两不误带来的好处。

## ▲ 细节81：家长怎样提高孩子的创新意识

朱艺林是父母眼中的乖孩子，老师眼中的好学生。他非常听话，从来不和老师家长对着干。可是，自从朱艺林上了小学二年级后，妈妈发现自己的孩子太听话了也不是绝对的好事。

晚上吃过饭，妈妈说："林林，帮妈妈把碗洗了吧，妈妈工作了一天很累了。"

"好的妈妈。"朱艺林很痛快地把桌子上的两个饭碗都拿到厨房去洗干净了。

妈妈躺在沙发上休息，看到餐桌上还剩着筷子、盘子等，就问儿子"林林，怎么光洗碗，不洗别的啊？"

朱艺林一脸无辜："妈妈，可是您只让我洗碗，没说让我洗筷子，洗盘子啊！"

妈妈听了宝贝儿子的解释，哭笑不得，只好自己起来，收拾好了桌子。

朱艺林写作业，妈妈发现儿子不论是组词还是造句都没有一点让人眼前一亮的句子。他的词语都是老师上课时提到过的，虽然没有错，但也太墨守成规了一点。

趁儿子睡着后，妈妈给出差的爸爸打了电话，讨论了孩子的问题。夫妻俩一致认为朱艺林最大的问题是太保守了，没有把思维发散开，用老师的话来说就是不能做到"举一反三"。爸妈担心在这个处处都讲究"创新"的社会，林林长大了可怎么办呢？

林林的最大问题是不会创新，做事墨守成规，无论是老师安排的作业，还是父母交代的任务，只会机械地照做，这样的孩子虽然让老师家长省心，但不让人放心。孩子犹如旋转木马似的，推一推，转一转，从不动脑子，久而久之，这种习惯一旦沉淀为习性，成为性格中的一部分后，更加难以纠正了，很难在社会竞争中立于不败之地。

因此，家长应及早动手，改变孩子的这种惰性思维，具体来说，就是从改变孩子的思维习惯入手，逐步养成良好的行为习惯。

## 1. 鼓励孩子多问"为什么"，激发孩子的求知欲

王颜的女儿李非今年9岁了，念小学三年级。凡是教过李非的老师都对这个学生赞不绝口，说她不但聪明、勤奋，还善于思考。

王颜在家长会上作为家长代表谈到自己对女儿的教育，说了这样一段话。

"我们的孩子都喜欢不停地问问题，这些问题有的很傻，有的很有意思。有的教育专家说孩子有问题是好奇心、求知欲的表现，家长不能打击孩子的积极性。我觉认为，家长最重要的不是一一解答孩子的问题，而是先要分析一下孩子的问题属于哪种类型。"

"如果她问我具体的某个字怎么写我就会告诉她自己去查字典。"

"如果她问我某一个数学公式是怎么推导出来的，我会很有兴趣地和她一起讨

论。哪怕她说的完全不靠谱，我也不会笑话她。"

"在我看来，举一反三更重要的是这个'一'掌握牢固了，才可能有'三'的出现。想让孩子达到'三'的效果，多让她读课外书是非常有必要的。"

王颜对孩子的教育方法值得家长们参考，从鼓励孩子提问入手，激发他的求知欲，在此基础上一起探索问题的答案，这对于拓展孩子的思维能力，有很大的帮助。

**2. 用游戏的方式培养孩子的发散性思维能力**

在日常生活中，家长还可以用猜字谜、编故事等游戏，培养孩子的发散性思维，让他能拓宽思路，提高想象能力，逐渐摆脱就有思维的束缚。

**3. 鼓励孩子把发散性思维用在学习和生活中**

在孩子有了一定的发散性思维基础后，家长应鼓励他将这些方法应用到学习上，如，一个问题看看是否能有多种答案，从一道题中能否多总结出几个心得，对一门课程能否有多种学习方法，比较看看哪种方法更有效果等等。在生活中，这种思维方式更是用途广泛。当孩子适应了这种思维方式的实际应用后，就能逐渐摆脱以往的"机械式"的学习和生活了。

# 细节82： 家长怎样激发孩子的求知欲

胡锐属于那种让人看一眼就觉得聪明的孩子，可是上了好几年学了，他的成绩从来没有好过。胡锐现在是小学四年级了，经历过的考试也不算少了，没有一次的成绩能让家长和老师满意的。用他们班主任梁老师的原话来说，"胡锐在学习上缺少一种刻苦钻研的精神"。

听老师这样评价自己的孩子，胡锐父母有点难为情，觉得孩子养成这样的性格与自己平时的教育方式不无关系。平时在家里玩，胡锐就表现出对什么事情都三分钟热度，不懂得坚持下去。比方说搭积木，他总是在搭到七八层轰然倒塌之后不再尝试继续往上搭，一点耐心都没有。爸爸用同样的积木，很轻松就能搭到15层那么高。胡锐虽然美慕爸爸技艺高超，但爸爸没有趁势鼓励儿子继续尝试。还有就是学数学的时候，每次有比较复杂的运算，胡锐都会招呼老爸用计算机替他来运算。老爸还觉得自己的儿子真有头脑，是做老板的人才，这么小就知道利用资源为自己服务。

如今爸爸妈妈都被老师点名批评了，让两口子惊醒他们在教子方面存在很大的误区。可胡锐毕竟只是 10 岁的孩子，总不能让他学古代的读书人"头悬梁、锥刺股"吧。胡锐父母觉得很为难，不知道该怎样帮助儿子培养起刻苦钻研的性格。

从上面的事例可以看出，胡锐的爸妈在子女的教育方面，确实做得不到位。在家庭教育中，孩子的求知欲没有得到鼓励，也没有得到指点，时间长了这方面的动力就会渐渐消失，出现老师所说的"在学习上缺少一种刻苦钻研的精神"就不足为怪了。看着可爱的孩子，让他这么小就刻苦学习，不少家长在内心里都会有些不舍。但众所周知的是，孩子在 12 岁以前是性格形成的关键期，7 岁左右是"潮湿的水泥期"，在这几年中，如果不让孩子形成良好的学习习惯，长大后再纠正恐怕效果不彰了。因此，为了孩子的将来，还是从小就让他受些磨炼的好。

专家认为，培养孩子的刻苦钻研的精神，家长不可操之过急，选好"突破口"，徐徐图之，以下两种方法供家长参考。

### 1. 从兴趣入手，鼓励孩子坚持钻研

涵涵周末跟着妈妈逛公园，发现公园的小广场有一个轮滑培训班在室外授课。看着和自己差不多大的孩子们在老师的带领下低头、弯腰、将手背在后面优雅的穿越障碍，涵涵觉得他们和电视里短道速滑的运动员一样棒。

他对轮滑产生了兴趣，央求妈妈为他也报名参加了培训班。虽然训练起来比较辛苦，但涵涵这一次坚持了下来。他的信心来自于第一次看到小伙伴们优美的姿势就喜欢上了这项运动。所以训练会吃苦、摔倒会很疼这样的后果他都考虑过了。看来只有让孩子对学习的对象产生真正的兴趣，他才肯刻苦钻研下去。

"兴趣是最好的老师"，培养孩子不怕苦的学习精神，家长不妨从孩子的兴趣入手。一般来说，对于和兴趣相关的事情，孩子还是比较容易接受的，家长鼓励孩子对喜欢的事情做精做好，就是钻研的具体体现。在钻研中出现难题时，家长应不失时机地出来赞扬孩子的成绩，鼓励他继续，争取取得更大的胜利！

### 2. 给孩子找个榜样

有的家长为了激励孩子积极向上，会给孩子讲些名人伟人刻苦努力的故事，这些故事对孩子有一定的促进作用，但离孩子的现实生活往往比较遥远，其作用反倒

不如孩子身边的例子大。比如孩子的好朋友，学校的三好学生，本市的优秀学生，以及少儿学习报刊中的一些真人实例。家长可多找些这样的事例给孩子看，以激发他不怕困苦的精神。

# ▲ 细节83：教孩子学会从错题中总结教训

孟飞翔是一个13岁的女孩，今年读初一了。她在小学期间，成绩一直很稳定，不算拔尖但也不坏，总是在中上游徘徊。父母早也习惯了女儿的这种状态，认为她如果到高考的时候也能保持中上水平的话，也不错了。

可是上了初中，孟飞翔发现原本一个年级只有200多人的小学到了初中竟然有了1000多人。在这么多同学中保持中上游的水准可不太容易了。一开始，她还是像以前一样听讲、写作业、玩耍，可是第一次模拟考试之后，她的家长就被老师请到学校，接受了"教育"。

爸爸从老师口中得知，孟飞翔的失误在于从来不会从失败中吸取教训。老师还打开孟飞翔的作业本让孟爸爸看，老爸这才知道自家姑娘都入学快两个月了，正负数的混合运算还没有掌握呢。凡是涉及到这方面的题，她都没有做对过。即使老师在课堂上讲解过了，女儿也没有理解，下一次碰上，照错不误。

做错了题，却不知道错在哪里，即使知道了原因，在下次做类似的题时，往往还会出错。孩子的这种"顽固性"的错误往往让老师和家长十分头疼：那么容易的问题怎么就能屡屡做错呢？我们也知道这是孩子不善于归纳总结的缘故，但是纠正起来往往效果不明显。原因在哪里呢？其实就在于孩子"不知道为什么总结""不知道怎么总结"，即孩子归纳总结的逻辑性思维习惯没有形成，纠正错误习惯自然事倍功半了。

那么，如何才能让孩子养成初步的逻辑思维能力，自己善于总结呢？专家建议，家长可以从以下方面入手，尝试改变孩子"屡错不改"的习惯。

## 1. 教给孩子归纳总结的方法

家长可以告诉孩子"要自己寻找做题的'技巧'、'秘诀'，有了它们你就不再有难题了"，以引起孩子的兴趣，然后指点孩子，寻找做过的题都有什么共同特点，然后告诉他们解题思路其实也是一样的，只要多动动脑筋，鼓励他举一反三、触类旁通。当孩子尝试到甜头后，学习的主动性就会大大增强。

### 2. 准备纠错本，把错题归纳总结

罗岚在月考的时候因为应用题失了不少分，让这个好强的小姑娘很不甘心。她主动找到爸爸，要求爸爸为他补习应用题，她要在下个月的月考中把"面子找回来"。

爸爸和罗岚一起分析了六年级的数学试卷，认为女儿在审题方面存在着误区，才导致失分的。比如说题目是某班女生有 30 人，男生比女生少 30%，全班一共有多少人？这道题目很简单，罗岚的解答更简单，她只用了一步，求出了男生的人数，就以为自己已经完成这道题了。

爸爸给女儿出了很多类似的试题让她做，罗岚终于改变了自己简单的思维方式，不再失分在这一类的题目上。爸爸按照这个方法，把女儿的错题都总结到一起，让她重新做，并指点她在遇到这些题目的时候应高从哪里下手。

罗岚第二个月的月考果然成绩不俗。

故事中，罗岚爸爸的方法就值得借鉴，但是最好是在孩子有了一定的归纳总结的经验后进行，这样才能更好地对错题、失误之处进行弥补。本节开篇故事中孟飞翔的爸爸就可以先对孩子进行简单的思维方法的指点，然后专门为孟飞翔准备了一个"纠错本"，让她把每天每个科目的错题都工工整整地抄下来，自己总结错误的原因和解决方法，家长做最后的把关指点即可。每隔一段时间，爸爸再从纠错本上选几道题让女儿做一做。这样反复训练，相信孟飞翔能从自己的错误中吸取教训，成绩有明显的进步。

### 3. 家长要对孩子有耐心，不能苛责

在孩子"屡错不改"时，家长的态度也很重要，不能苛责也不能因心情急躁而讽刺、嘲笑孩子。要知道，孩子正是通过"错误－纠正－提高"这种螺旋形上升的方式成长的，从另一个角度来说，没有不犯错的孩子，犯了错他们才会成长。因此，家长应耐心教会孩子思维方法，再鼓励孩子通过练习纠正以前的错误习惯，慢慢提高成绩。

# 细节84： 如何帮助孩子应对厌学情绪的困扰

芸芸是名初三的备考生，学习压力太大，使她最近的情绪有些不太正常，经常无缘无故的烦躁不安，而且还认为自己太笨，自己都十分嫌弃自己。

这次模拟考试，芸芸的成绩又不太理想，一回到家里，她就把自己关在了房间里，把头闷在被子里，不停地想：我的脑子到底是怎么长的呢？是不是比别人少点东西啊？要是没有我这个人就好了。

然后又想到明天虽然是周末，但是还有一大堆的作业和补习班等着自己，她的头立马疼了起来，一股自我厌恶感，油然而生。

"芸芸，在想什么呢？菜都掉桌子上了。"吃饭的时候，芸芸妈捅了捅她，原来她想的太入神，竟然发起呆来，连正在吃饭都忘了。

"妈妈，你当初怎么会生下我来呢。"她没头没脑地说了这么一句，低下头往嘴里扒了口饭。

妈妈噗嗤一声笑了出来，开玩笑道："傻孩子，怎么着，想回炉重造一下？"

本来妈妈只是想开句玩笑，没想到却看见芸芸一脸认真地回答道："想，我真想让您重新生一回我，好让我变得聪明一点。"

"再生一回？那可就不一定是你了。"

"不是我……也没关系。"芸芸小声说道。

妈妈一听，吓了一跳，赶紧问："芸芸，你没事吧？是不是功课太累了？"

"没有。我吃饱了，回房间写作业去了。"芸芸说完就跑回了房间，妈妈坐在饭桌前，暗地里想：是不是孩子的学习压力太大了呢？她隐约觉得最近的芸芸情绪有些不太正常，而且学习成绩也不如以前了，这该如何是好呢？

又一个周末到了，芸芸吃完早饭后，就回屋去收拾补习要用的东西，这时候，妈妈走了进来，笑盈盈地对她说："芸芸，我刚才接到补习班的电话，说是今天代课老师有事请假了，就不用去上课了。"

"是吗？那我自己在家复习吧。"芸芸面无表情地说道。

"我看这样吧，今天你不要想学习的事情，和妈妈一起去植物园玩一天，怎么样？正好妈妈最近很想出去走走，可一个人太无聊了，就当陪妈妈吧，好吗？"

"可是……"芸芸看了看桌上的课本和作业，犹豫着。

妈妈连忙走过去把她的课本收了起来，拉着她就往衣柜走，"别磨蹭了，今天不想其他的事情，就好好玩，让自己放松放松。"

芸芸这才知道，妈妈是看自己不对劲，想让自己放松一下心情。明白过来后，她深吐一口气，抱住妈妈说道："妈妈，谢谢你，今天我就给自己放个假，痛快的玩一天！"

"就是，学生不能光学习，也得适当的休息休息，来，咱们选件漂亮的衣服去！"穿戴整齐后，母女俩亲密相拥出了门。

不少孩子都会有很努力学习成绩却不理想的时候，因而产生厌学的想法，尤其备考生，面对着巨大的升学压力，出现这种状况时就更是苦恼了，然而，愈是苦恼，成绩就愈是下滑，恶性循环。故事中的芸芸便是如此。

芸芸作为一名初三学生，每天都是简单重复，以及完不成的任务，从而时常烦躁不安，加上成绩的不理想，更是产生了嫌弃自己的想法。而妈妈面对孩子成绩下滑时，并没有大发雷霆，反之采取让孩子放松心情的办法，终止孩子麻木、机械的学习，芸芸也因此快乐起来。

其实，枯燥的学习过程引起孩子分心或者厌学是完全可以理解的，此时，如果家长再大肆呵责，就更容易加重孩子的这种情绪。所以，家长应当适时地给予孩子心理支持，并为孩子创造一个轻松有效的学习氛围。

### 1. 倾听孩子的心声

当孩子出现学习苦恼时，家长应该倾听孩子的心声、鼓励孩子，切忌否定孩子，或者将孩子与别人家优秀的孩子作比较。总之，家长要排解孩子的忧虑情绪，让孩子以一个良好的心态去学习，必定会得到事半功倍的效果。

### 2. 讲述奋斗史

家长可以给孩子讲述一些自己工作中的事情，让孩子知道不只学习会有酸甜苦辣。另外，家长还可以多给孩子将一些成功人士的奋斗史，让孩子体味其中艰难，从而坦然面对学习上的不尽如人意。

### 3. 有方法地督促孩子

家长在督促孩子学习时，应当先考虑孩子的承受能力，盲目且大量地给孩子安排任务，这非但得不到希望的效果，还会增加孩子的心理负担，从而导致保持孩子的接受能力更差。所以，家长应该让孩子劳逸结合、拥有充足的休息，保持状态良好，学习效果自然更好。

### 4. 创造表达感情的机会

情绪对孩子的学习有着至关重要的影响，也关系着孩子的性格形成。因此，家长多创造一些情感表达的机会，说出自己对孩子的关爱和期待，让孩子感觉到家庭的温暖，性格朝向积极乐观的方面发展，从而抵御学习带来的负面影响，学习成绩自然就会提高。

## 细节 85：家长如何对待孩子的逃课行为

翔翔妈中午吃饭的时候，突然接到儿子班主任的电话，电话里，班主任老师对翔翔妈说："翔翔最近经常逃课，不管老师怎么教育他，他都不听，还是我行我素，基本上下午的课他这两天都没上过，今天更严重，上午第三节课就早退了。"

"啊？"翔翔妈大吃一惊，这是她品学兼优的儿子能做出来的事情吗？

没错，翔翔从小就聪明好学，在学校的成绩一直是前三名，怎么可能做出逃课的事情来。

所以她小声问："老师，是不是搞错了？翔翔可是优等生，一直很认真的在学习呢，是不是有其他孩子也叫翔翔？"

电话那头，老师叹了口气，说道："我也希望是自己弄错了，可事实就是您家孩子逃学了。而且已经有一段时间了，以前他只是偶尔缺席，老师也没怎么在意，最近情况真是越来越严重了，学习成绩也下降了不少，所以才……"

"这孩子！老师放心，我一定会好好教训教训他的。"没等老师说完，翔翔妈就气得挂断了电话，一副暴跳如雷的模样，吓坏了不少人。

晚上，当翔翔回到家的时候，妈妈就气冲冲的把他叫到了书房，劈头盖脸先是一顿骂，然后才问他："为什么逃课？老师说你最近的学习成绩下降了不少，难道你就是这样学习的？"

翔翔却扁扁嘴，回答道："是妈妈你让我逃课的。"

"哈？"翔翔妈惊讶地张大了嘴，"我什么时候让你逃课了？"

"就是你说的，一个月前，我说不想学习，你说我要有本事，就逃课去，这样就不用学习了。"翔翔扬起头，理直气壮地回答道。

翔翔妈这才想起来，一个月前，当她好不容易联系好了学习班，让儿子在周末去学习班补习的时候，儿子却说周末要出去玩。妈妈当时就发飙了，对儿子吼道："学生就应该学习，周末也不例外，不准出去玩。"

"可我都和同学们约好了。"翔翔着急地回答。

"那也不准去。"但翔翔妈当时生气地说道："有本事你就逃课去。"

没想到，当时的一句气话，却让儿子真的产生了逃课的想法，并且真的行动了起来。

大致来说，孩子产生厌学情绪有两种原因。一种是完全被动学习，只是出于老师和家长的逼迫完成学习任务，根本不理解学习的意义。孩子认为即使不学习也可以很好地生活。另一种是消极学习，这样的孩子在主观意识上是想要学习的，但是觉得学习太过辛苦，需要花费太多的时间和精力，因为害怕而产生厌学情绪。其实，孩子的这种恐惧心理是家长平常不注意培养其毅力造成的。孩子从小在家长的宠爱下没吃过半点苦的长大，从而意志力薄弱，遇见稍有不顺心的事便产生逃避心理。为了避免孩子逃课，在此提出以下几种方法供家长参考。

### 1. 了解孩子逃课的原因

其实，多数孩子逃课的动机是单纯的，他们只是"不喜欢"、"不适应"等，所以家长应以一个平和的心态去倾听，站在孩子的角度理解孩子，让孩子感受到家长的关心和友善。当家长了解到真实的原因后，再有针对性地对孩子进行引导，如此以后，大多孩子都会加以改正。

### 2. 锻炼孩子的毅力

学习，毕竟不是一件轻松的事。因此，家长在纠正孩子对学习的认知以后，还应在日常生活中锻炼孩子的毅力，增加孩子的心理承受能力，让孩子在面对学习这件艰苦的事情时不再畏惧、逃避。

### 3. 注意孩子的交友对象

俗话说，近朱者赤，近墨者黑。倘若孩子总和一些怕学习、爱逃课的孩子一起玩，久之就会受影响，然后向父母撒谎一起逃课。所以父母应密切注意孩子的交友对象，一旦发现有类似行为或先兆就和别的家长一起商量办法，帮孩子远离厌学情绪。

# 第八章

## 让孩子规律生活的8个行为良方

在生活中，孩子边吃饭边玩，挑食偏食，狼吞虎咽，钟爱零食而不吃正餐，睡眠问题多多，还懒得运动……这些都让家长烦心不已。本章中，针对孩子这些常见问题，提出了相应的解决方法。

# 细节86：纠正孩子边吃边玩的坏习惯

小汤今年5岁了，是个聪明能干又招人喜欢的男孩子，不管是大人还是小孩，都十分喜欢他。但是汤妈妈发现儿子最近有个不太好的毛病，吃饭拖拖拉拉的，从来没有利索的好好把饭吃完过。

每次一到吃饭的时候，汤妈妈就开始发愁了，看着小汤玩一阵，吃一口的样子，她就着急。

"儿子，先吃完饭再玩，玩具又不会跑掉。"汤妈妈忍不住，又对儿子说教起来。

小汤听到妈妈的话后，才赶紧往嘴里扒两口饭，可当妈妈不注意的时候，他又开始玩起来了。就这样，妈妈不得不守在他身边，一边忙手边的活儿，一边训斥他，让他好好的把自己的饭吃完。

一开始这个方法还挺管用，只要妈妈在身边，小汤每次都能把饭利索的吃完。可几天以后，他就有些皮了，对妈妈的训斥不以为然，就算妈妈在身边，也依旧边吃边玩。

妈妈经常为此伤透了脑筋，不明白小汤为何干别的事情，风风火火，而一到吃饭就变成了这个样子。

见小汤吃饭拖拉，妈妈很担心他的健康状况，万一吃不够或者是饭菜凉了增加了饭菜对肠胃的刺激，孩子岂不是要生病了。其次，妈妈更担心他形成不良的饮食习惯，对他日后的成长不利。后来，妈妈了解到，在孩子边吃边玩的时候，家长的指责是对孩子行为的强化，越指责，孩子边吃边玩的习惯就越难改变。

那要不然，就不管他了？

妈妈就这样做了几天，吃饭的时候不再刻意的提醒小汤好好吃饭，可几天之后，妈妈发现，不管也不行，没了大人的管教，小汤竟然变本加厉，吃饭的时候不光是自己玩，竟然还打扰起其他人来了。

只见小汤拿着筷子，一会儿捅捅这个菜，一会儿戳戳那块肉，把筷子当成玩具，不停地在饭桌上敲敲打打，一会儿又嫌爸爸妈妈不陪他玩，用力地把饭桌上的盘子、碗推来推去，就是不让爸爸妈妈好好吃饭。

一顿饭吃下来竟然用了快一个小时的时间，爸爸妈妈真不知道该不该管小汤了。管的话，又该怎么管才能把他这个坏习惯纠正过来呢？

随着孩子的成长，家长也有了新的担忧：孩子能跑会动了，却不好好吃饭了，特别是爱边吃边玩，爸爸妈妈要追着才能吃上几口，这让工作繁忙的家长们苦恼不已，没有时间去管孩子，交给老人去管吧，结果老人往往是对孩子疼爱多于管教，孩子的坏毛病反而越来越严重了。这可怎么办？

儿童心理专家认为，孩子不好好吃饭，往往是有三个原因造成的。一个是孩子的零食太多，而且都很美味，孩子自制力较差，家长也不怎么管，经常想吃就吃，结果整天都嘴里不停，自然没有饥饿感，对正常的饭菜就没有兴趣了。第二个原因是家长对孩子在饮食上尽量满足，结果造成孩子喜欢吃的都吃腻了，对饮食自然没有胃口了。第三个原因是孩子的纪律性较差，而家长在正餐时对孩子缺少管教，没有规矩不能成方圆，结果孩子对到点吃饭的事情不以为然，对家长的话也当成耳旁风，而家长常常端着饭碗围着他转，也让他以为自己很重要，对饮食的态度更是很漠然了。明白了孩子边吃边玩的原因后，家长就可以采取有针对性的方法对其进行教育了，即"杜绝零食＋运动＋饥饿"方法。

家长对孩子的零食进行限制，尤其是甜食和油腻的点心不再敞开供应，采取限时限量等方法，对孩子过多的零食要求采取拒绝的态度，对其哭闹等行为也冷处理，让其知道家长的权威不可冒犯，更不能由着自己的性子来。同时，家长多带孩子出去玩耍，特别是孩子比较喜欢的游戏等，让他尽情地玩耍，以释放精力，等其玩够了，能量消耗后，就会感到饥饿，但不到饭点，家长依然不能让孩子随便吃东西，让其适当忍受饥饿。到了正餐的时间，孩子自然会吃的很多，而且边吃边玩的几率大减。

# 细节87：如何应对孩子的偏食行为

小米今年5岁，和同龄人相比是个个子比较高的孩子，但就是太瘦，跟根竹竿似的。要问他为什么会这么瘦，这还得从小米吃饭说起。

每到吃饭的时候，爸爸妈妈就开始了这一天最艰巨的"任务"——哄小米吃饭。

"小米，来，多吃点肉才能长得快。"

"小米，蔬菜也多吃点。"

"小米，快吃啊？为什么不吃呢？"

"小米……"

可每次小米都不领情，只要是他没兴趣的，不爱吃的，他统统都拒绝入口。

这一次也一样，看着碗里堆得高高的饭菜，他怎么都提不起食欲来。

把眼前的碗往旁边推了推，他不耐烦地说："哎呀，爸爸妈妈你们烦死了，我不想吃肉，也不想吃菜。"

"那怎么能行呢？你看妈妈特意雕了形状的，看着就好吃，尝一口。"妈妈没理会他的话，继续往他碗里夹着菜。

"不要，不要，我不要吃饭。"他大声嚷道。

"那你想吃什么？"爸爸扭头问他，并说："有什么想吃的，爸爸马上帮你去买。"

"我想吃雪糕！"谁知道，小米的回答却不是爸爸妈妈心中的理想答案。

爸爸叹了口气，摇了摇头，说道："不行，快点把碗里的饭全吃光，要不然，以后再也不给你买雪糕吃了。"

小米绷紧了脸，显得十分不高兴，也不动筷子去夹菜。

妈妈突然想到一个好主意，高兴地对他说："儿子，是不是想吃雪糕？"

"嗯，想吃……"小米点点头。

妈妈很痛快地回答道："那妈妈现在就去给你买。"

"孩子他妈……"爸爸想插嘴，被妈妈制止了。

只听妈妈继续说道："不过，妈妈有个条件。"

"条件？是什么？"小米睁着大眼睛看向妈妈。

妈妈洋洋得意地说道："吃一口饭，妈妈就给你买一根雪糕，吃的越多，妈妈就给你买的越多。当然，你要是一口都不吃，那妈妈就不给你买雪糕了。怎么样？"

"妈妈……"小米显得有些不乐意，妈妈见他这样，佯装无可奈何的说道："不行啊？那算了，妈妈也不买雪糕了。"

"我吃还不行吗！"没办法，小米只好硬着头皮吃下了今天的第一口饭。不过当妈妈想再喂他第二口的时候，他嫌饭难吃，死活不再吃了。

"我不吃了，不吃了。"他使劲摇着头，躲避着妈妈伸过来的勺子，妈妈见势便问："不想吃雪糕了？"

可小米却回答说："我吃了一口饭，今天就吃一根雪糕好了，妈妈快帮我去买嘛。"

"哎……"没办法，妈妈叹着气，下去帮儿子买雪糕去了。

爸爸愁眉苦脸的说道："儿子，你这偏食偏得也太厉害了吧，再这样下去，要瘦成皮包骨啦！"

小米却不回答，坐在爸爸旁边，傻笑着等着妈妈买雪糕回来。

对于现在的家长来说，孩子在吃饭上给自己带来的困扰甚至比淘气还要大，如果说上面提到的孩子边吃边玩还能让他吃些东西的话，而挑食偏食对孩子的身体健康更为不利。这是因为孩子处在成长的初期，其身体发育较快，对营养的需求是全面的，而孩子挑食偏食的后果，就是从食物中摄取的营养会失衡，长期处于某些营养缺乏而其他营养富余的情况下，孩子的健康就堪忧了。比如，冬天本就是各种传染病的多发期，而偏食的孩子身体抵抗力比其他孩子要弱些，就很容易被感冒等病菌侵害，导致易患病，久治不愈等。此外，孩子长期偏食挑食，还会对其性格起到不良的影响，如孩子长期过量吃甜食，会出现情绪不稳、躁动不安等情况，长期以肉食为主，会让孩子变得性情暴躁，容易发火，这是因为孩子的身体机能在这些食物的长期影响下，出现了部分的失调，而多吃素食则会平息这种不良行为。因此，家长应从孩子的健康和性情培养的高度着眼，及时改掉其偏食挑食的不良习惯。

### 1. 提供丰富多彩的食物

家长应在家中，准备多一些的健康食材，如瓜果蔬菜、肉类蛋类、豆类乳制品等等，琳琅满目、五彩缤纷的食物，看起来就很惹眼，就能吸引人的食欲，这对孩子是个良性的吸引。同时，家长应适当降低孩子偏食的那些食物。

### 2. 让孩子尝到有创意的美食

孩子都是感性的，他们喜欢吃什么食物，大都是根据其口味来定，而不考虑其营养和对身体的影响，家长可以根据这个特点，来调整孩子的食谱，对传统单调的饮食进行改进，比如，将肉食和蔬菜等做出新花样，如果有时间的话，再做出一些卡通形象，会让孩子胃口大开。另外，家长还可以根据孩子的口味偏好，用其他食材做一些味道相似的饭菜，如用豆腐、魔芋等制成"素肉"，只要可口好吃，相信孩子会逐渐接受的。

## 细节88：让孩子吃饭时学会细嚼慢咽

小胖是幼儿园大班的学生，学习好，性格好，是班里人人都喜欢的"小好人"，班里谁有问题了，都会找小胖解决，就连吃饭的时候，都喜欢和小胖坐在一起吃。

小胖吃饭也很乖，从来不要人哄，自己捧着小碗一口一口的就吃下去了，老师收拾碗筷的时候，每次都会看到小胖吃得干干净净的空碗。

"小胖是我们的学习榜样，大家以后要向小胖同学多学习，吃饭就要好好吃，认真吃，绝不能留下一粒米哦。"幼儿园的老师经常这样表扬小胖，让大家向他学习，小胖高兴极了。

虽然小胖也为自己感到自豪，但是有一天，他突然想到，如果自己表现得更好一点，是不是老师和同学们会更喜欢他呢？于是为了得到更多的表扬和羡慕，小胖在以后吃饭的时候，加快了吃饭的速度。

果然，老师夸奖他不仅吃得干净，还吃得快，节约了大把的时间，用来看书，老师让大家继续向他学习，小胖自豪的昂起了头，以后吃饭的时候，不由自主的就提高了速度。

可有一天，突然发生了意外，吃午饭的时候，小胖因为吃得太快，噎着了。

因为饭菜太美味，太丰盛，小胖越吃越开心，一口比一口吃得快，一口还没嚼完，就匆匆的咽了下去，马上又吃第二口。

就这样，他呛得脸红脖子粗，老师和同学们都吓坏了。

老师赶紧帮小胖拍了拍背，并让他喝了一些水，过了一会儿，小胖缓过劲儿来。同学们见他终于没事了，才长长地舒了一口气。

过后，老师认真地对小胖说："吃饭要仔细，要细嚼慢咽，吃得太快并不是好事，不仅容易生病，还有可能遇到像今天一样的危险。"

现在，小胖知道了吃饭应该细嚼慢咽，不然就会发生危险，以后吃饭的时候，再也没有因为贪吃而快过。

晚上回到家后，妈妈准备了一桌丰盛的晚餐，爸爸一坐下来，就拿起碗筷不停的往嘴里塞饭。小胖想起了今天在幼儿园自己的经历，连忙一本正经地对爸爸说："爸爸，吃饭应该细嚼慢咽，你吃饭吃得太快了，对肠胃不好，也容易发生危险。"

爸爸一听，脸笑成了花，抱起儿子就在他脸上亲了一口，点头说道："我儿子真不了起，知道关心爸爸了。"

小胖嘿嘿一笑，一家人愉快地吃起饭来。

前面讲到了有的孩子挑食偏食不吃饭，让家长甚为发愁，而有的家长也在愁，他们苦恼的是自己的孩子胃口太好，吃的太快，吃的太多。而这样的饮食习惯对孩子的健康成长也很不利，吃的太快太多的孩子常常比较胖。这是因为长期的快食、贪食，会导致大脑中枢的饱食中枢和饥饿中枢出现紊乱。当孩子在吃饭时，食物进入到胃里以后，饱腹的信号大约在20多分钟后，才能传递到大脑。而如果进食过快，会导致孩子容易吃东西过量。时间一长，孩子摄入的脂肪和热量就会超标，而现在孩子的运动量大都不足，自然就会胖起来。另外，孩子容易饮食过量的原因是控制力不强，遇到自己喜欢的就往往吃饱为止，不知道适可而止，这也能导致孩子的肥胖。

而孩子一旦出现肥胖，就会对其健康造成很大影响，比如小小年纪的高血脂、高血糖和高脂血症等等。因此，为了孩子的健康，家长应督促其养成良好的用餐习惯，主要有吃饭细嚼慢咽，并且七分饱即可。

### 1. 教给孩子慢吃以享受美食

吃饭除了要解决温饱问题外，还有享受美食的感觉也是很重要的，家长可以引导孩子对食物进行深度的了解，比如各种食物的由来，它们对健康的作用，它们身上的趣味故事，名人、古人对美食的点评和享受感觉等等，都可以给孩子讲家长还可以告诉孩子如何品鉴食物，如何享受食物带来的快乐等等。教孩子从狼吞虎咽中拉出来，让他进入到享受食物的文化氛围中，孩子关注的重心不同，自然就会降低吃饭的速度，慢慢减少食物摄入的量。

### 2. 教给孩子"吃饭七分饱"

家长可以告诉孩子"吃饭七分饱不仅对肠胃和健康有好处，还能让你更聪明！"这样的话更容易吸引孩子，也更能让他落实到行动上。家长可以详细给孩子讲饮食过饱，会导致人变懒，同时全身的血液等机能都为消化食物服务去了，大脑的反应自然就会变慢，时间就了，就会让孩子看起来比较"笨"，而七分饱就会既能让孩子的营养需求满足，又不影响其思维。

# ▲ 细节89：如何规范孩子的吃零食行为

牛牛是个"馋嘴猴"，看见什么都想吃一口，尤其是看到零食，更像是不要命般抓起来就吃，尝到了零食的"美味"，牛牛都不怎么正经吃饭了，成天嚷着要吃零食，爸爸妈妈不给他零食吃，他就又哭又闹，让人十分头疼。

有一次，牛牛又偷吃零食，妈妈看到后，气得一巴掌打在他的屁股上，趁他哇哇大哭的时候，把他嘴里的零食硬抠了出来。当然，没了零食的牛牛哭得更凶了。

这时候，爸爸走了过来，对妈妈说："你这个方法不好，治标不治本。"

"那该怎么办？难道就任由他吃零食不吃饭？"妈妈无奈地说道。

爸爸想了想，笑道："我有办法。"然后他把牛牛叫到身边，对他说："儿子，爸爸给你讲个故事吧。"

"什么故事？"

"你不是最爱吃零食吗？那爸爸就给你讲个零食屋的故事，只要住在零食屋里，就会每天有吃不完的零食，想听吗？"

"想，我要听零食屋的故事。"

爸爸讲了起来："从前有个王子，长得非常英俊，但是有一个非常不好的习惯，就是爱吃零食，常常因为吃零食而忘记吃饭。但是国王非常疼爱王子，不舍得打骂他，就任由王子天天吃零食了。有个糖果商知道了这个消息后，认为赚大钱的机会来了，就找到王子，帮他盖了一座零食屋，从里到外，都摆满了零食，就连屋子本身，也是用零食做成的。"

"哇……这个商人好厉害啊，我也想要一个零食屋。"牛牛听到世界上竟然有这么好的零食屋，乐得拍起手来，爸爸却摇着头继续讲道："王子一个人住在这间零食屋里。国王派人给他送饭，他一开始还吃几口，后来干脆全吃零食，再也不吃饭了。他饿了，就吃沙发；渴了，就舔舔柱子；馋了，就在床上、墙上或地板上、窗户上啃一口。牙医看见了，担忧的对王子说：'牙齿会蛀坏的！'王子把牙医赶跑了。又来了个老爷爷，对王子说：'别再吃了，你会消化不良的。'王子生气地把老爷爷也赶跑了。还有人怕王子生病，会变丑劝王子少吃零食，可王子一概不听，还是开心的吃着自己的零食屋。"

"你猜王子最后怎么样了？"

"幸福的生活在自己的零食屋吗？"牛牛双眼放光，巴不得自己也拥有这么一间屋子。

爸爸却摇了摇头，说道："最后，王子不仅有了蛀牙，还得了胃病变成了丑八怪，因为他零食吃得太多了，营养跟不上，身体一天天变差变丑了。难道你也想当一个丑王子吗？"

"我……"

"再后来，王子终于治好了病，乖乖的吃饭不再吃零食，又变回了人民爱戴的英俊王子。"

"我要变成英俊的王子！我再也不吃零食了。"不等爸爸说完，牛牛就着急的回答道。

零食是指非正餐时间食用的各种少量的食物或者饮料（不包括水）。零食是孩子都爱吃的食物，它的范围很广，对孩子健康的影响也不同，零食在给孩子补充营养的同时，也容易让孩子出现体重增加和营养不良的情况。因此，如何科学规范孩子的吃零食的行为，就成为家长应注意的事情了。专家介绍，针对孩子年龄的不同，对其食用零食也有不同的要求。

一定要多喝白开水；注意零食的食用安全，不要让孩子一边玩耍一边吃，也不要在孩子哭闹时给予零食，避免豆类、果冻、坚果类等零食呛入气管。6～12岁，每天吃零食一般不超过3次，不宜过量；同时要能选择有益健康的零食，而不能跟着广告走。

2007年，由中国疾病预防控制中心营养与食品安全所和中国营养学会共同推出了编制的《中国儿童青少年零食消费指南》。《指南》将孩子喜欢的零食按可经常食用、适当食用和限制食用三个级别来推荐，具体如下，供家长参考。

可经常食用的零食（每天食用）：低脂、低盐、低糖类。如：水煮蛋、无糖或低糖燕麦片、煮玉米、全麦面包、豆浆、纯鲜牛奶、纯酸奶、大杏仁、松子、蒸或烤制的红薯、不加糖的鲜榨果汁、各类新鲜水果。

适当食用的零食（每周1～2次）：中等量的脂肪、盐、糖类。如：巧克力、牛肉片、松花蛋、火腿肠、酱鸭翅、肉脯、卤蛋、鱼片、蛋糕、月饼、怪味蚕豆、卤豆干、海苔片、苹果干、葡萄干、奶酪、奶片、琥珀核桃仁、盐焗腰果、地瓜干、果汁含量30%的果（蔬）饮料、乳酸饮料、鲜奶冰淇淋。

限制食用的零食（每周不超过一次）：高糖、高盐、高脂肪类。如：棉花糖、奶糖、糖豆、软糖、水果糖、话梅糖、炸鸡块、膨化食品、巧克力派、奶油夹心饼干、方便面、奶油蛋糕、罐头、果脯、炼乳、炸薯片、可乐等。

# ▲ 细节90：鼓励孩子独立作息

四岁的天天是个胆小的孩子，别看是个男孩子，却比女孩子还要胆小怕事。他怕的事情很多，天上飞的、地上跑的、水里游的，还有一些存在或者不存的东西，只要他能看见，能想象出来，就会怕个不停，有时候太害怕了，甚至还会哭出来。爸爸妈妈经常骂他没出息，不像个男孩子。可就算是挨骂，天天也依旧胆小怕事，一点长进也没有。

而且，更令人头疼的还不是这些，最让天天爸妈发愁的，是天天的睡觉问题。每天晚上一到睡觉的时间，天天就会缠上来，叫爸爸陪，让妈妈陪，就是不肯自己一个人去房间里睡觉。

爸爸苦笑道："儿子，你都这么大了，也该自己睡觉了吧。你看邻居家的幽幽，一年前就学会自己睡觉了，还从来不让爸爸妈妈陪着，嫌他们烦，你是不是应该向他学习一下？"

"不管，我就是不敢一个人睡嘛，爸爸妈妈陪在我身边，等我睡着了再走开，好不好？"天天抬起头，可怜巴巴地望向爸爸，爸爸一时不忍，只好带着他回房睡觉了。

妈妈见了，笑骂道："儿子这样，估计和你总惯着他有很大关系。他一哭，你就受不了，怕他受苦什么事都依着他。"

爸爸笑笑，冲着儿子说道："儿子，看见没，妈妈有意见了，今天是最后一天陪你睡觉啊，明天开始，你要学会自己睡了。"

儿子低着头不乐意地哦了一声，便跟在爸爸身后，走进了自己的小屋。

　　快一个小时后，爸爸才从天天的房间里走出来，满身疲惫的对妈妈说："哎，我都快睡着了，他还精神得很，哄了很久才哄睡着啊，累死我了。哎……"

　　不过幸好天天答应了明天自己睡，爸爸觉得挺有成就感，收拾了一下，就回自己的房间呼呼大睡起来。

　　可是到了第二天，儿子却说话不算话了，嚷着非得要爸爸妈妈哄着去睡觉。

　　"不行，昨天是最后一天，你也答应了的。"爸爸严厉地说道。

　　天天才不管这些，哇哇大哭起来。爸爸一狠心，把儿子放到他自己的床上，关门走了出来。天天哭得更厉害了，而且哭个不停，爸爸妈妈都听烦了，他还是不停下来。

　　"天哪，这孩子，不是都说孩子哭累了会睡觉吗？怎么天天就……"妈妈叹了口气，推开儿子房间的门向里面看时，只见他已经困得眼睛都快睁不开了，却还是使劲哭着。

　　生活中，像天天这样的孩子并不少，他们一天天长大，却仍然喜欢和父母在一起睡，最不济也要在一个房间睡。其实，这是孩子独立性弱的表现，这样的孩子往往比较依恋父母，他们喜欢和父母在一起生活，一旦离开父母就会感觉不安，心里产生不安全的感觉。出现这种情况的原因，是父母从孩子出生后就对其过多的照顾，一直到四五岁还在一个房间睡觉，使孩子独立性方面的发展跟不上年龄的增长。另外，成人呼出的气体中二氧化碳含量较高，而孩子的大脑发育需要更多的氧气，在同屋睡觉的过程中，很容易造成孩子大脑供氧不足，进而影响身体的正常发育。

　　对此，家长应想法改变孩子对自己的依恋，鼓励其拥有独立的空间。具体讲来，家长可以采取以下方法。

### 1. 让孩子尝到自己独处的快乐

　　家长可以告诉孩子拥有自己房间的好处，比如可以按照自己的意愿装饰房间，可以拥有自己的小秘密等等，让孩子尝到拥有自己房间的乐趣后，家长再告诉他，想要成为小大人，就要自己休息，不和父母一个房间睡，这既是其独立性的表现，又是其勇敢的体现。同时，家长还可以给孩子讲些同龄人的例子，作为他的榜样。

### 2. 给孩子找个替代物

　　孩子刚离开父母休息时，会有很多不适应，比如以前常常是搂着父母睡觉，现在身边空荡荡的，让他很不习惯，对此，家长可以送给孩子一个玩具娃娃，作为他的伙伴，让孩子抱着玩具一起休息，这会极大减轻孩子的心理紧张感。此外，家长还可以告诉孩子，自己和孩子的房间都不会上锁，孩子一旦有需要就可以随时得到父母的回应，这能减轻孩子心里的不安和恐惧感。

# 细节91：让孩子的睡眠规律起来

晚上已经快十一点了，蒙蒙还坐在电视机前看电视，妈妈走过去，啪的一声把电视关掉了，蒙蒙竟然哭闹起来，抱着妈妈的大腿坐在地板上说道："妈妈，快把电视打开，快打开，我还没看完呢。"

"不行，早就过了睡觉的时间，妈妈不能再让你看下去了。"妈妈摇摇头，十分坚定的看看她，然后指着卧室的方向，对她说："你要做个乖孩子，乖孩子都是这个时间睡觉的，来，妈妈陪着你睡，好不好？"

"不好！我要看电视，马上就结束了，妈妈让我看完吧。"蒙蒙央求道。

妈妈被女儿磨得有些头疼，只好抚着额头对她说："再10分钟，10分钟以后，必须睡觉，知道了吗？"

"嗯，好的，谢谢妈妈。"蒙蒙高兴的跑过去把电视打开，津津有味的看了起来。妈妈站在她旁边，无奈的叹了口气后，就去忙自己的事情了。

洗涮好，妈妈准备睡觉的时候，突然听到客厅里电视还开着，她喃喃自语道："难道是蒙蒙睡觉前忘记关了？"这样想着，她就来到了客厅，抬头一看，马上就升起一股怒火。

原来，蒙蒙竟然还坐在电视机前，丝毫没有要睡觉的意思。

"蒙蒙！你怎么还不睡。"妈妈大声地喝斥道。

蒙蒙吓了一跳，心虚的低下头，回答道："马上，马上就去睡了。"

妈妈指着钟表说道："你看看现在几点了？马上就11点了，你竟然还没睡。刚才不是说只看10分钟吗？现在都过去几个10分钟了？你明天还要早起上学，怎么能这么晚才睡？"

"知道了，明天早点起来不就行了，真是的……妈妈真烦！"蒙蒙不耐烦地起身关掉电视，低着头匆匆跑进了自己的房间。

妈妈在客厅里小声说道："早上能起来才怪！"

果然，第二天早上，都七点多了，蒙蒙还赖在床上，不管爸爸妈妈怎么叫她，她都不动。

妈妈立在她床边，无奈地说道："晚上不睡，早上不起，你这么小的年纪生活就这么没规律，以后长大了可怎么办啊。"

"妈妈，别说话，再让我睡 5 分钟……"蒙蒙却听不到这些，她只想清静的再睡上一会儿……

晚上不睡，早晨不起床，睡眠不足，白天没有精神……这些都是家长眼中孩子常见的生活问题，他们也觉得孩子这样的习惯不好，会影响到学习，其实不知道看似不起眼的睡眠问题对孩子的危害更大，比如孩子生长缓慢、记忆力下降、多动、肥胖等等都是由睡眠问题引起的。在前不久的世界睡眠日，其主题就和孩子有关——"关注睡眠品质，关爱儿童睡眠"，可见，孩子的睡眠问题已经成为世界卫生界专家关注的焦点了。

在我国，有超过七成的孩子比欧美日国家孩子睡眠时间至少短了一个小时，不要小看这一点时间，如果经常性的睡眠短缺或睡眠质量不佳，对孩子的成长发育有着非常不利的影响。上段提到的孩子肥胖，其中一个重要因素就是睡眠问题引起的，睡眠时间不够，孩子的身体内分泌就会出现紊乱，进而导致脂肪在体内堆积，时间一场，儿童型糖尿病的发病率就会大大增加，可以说直接影响了孩子一生的健康生活。因此，为了孩子的健康和未来，家长应该重视其睡眠行为，对其进行规范。在我国，孩子睡眠问题主要体现在休息不规律，睡眠时间短上，家长可采取相应办法纠正孩子的不良休息行为，主要有以下建议供家长参考。

1. 上小学前，孩子的睡眠时间应多于 8 小时；

2. 孩子晚上睡觉时间不宜晚过十点，早晨起床不宜早过五点；

3. 孩子的午睡时间应在一个小时以内；

4. 孩子睡觉时，卧室应安静，不宜有电话等影响休息的设备；

5. 在晚餐后，孩子不宜饮用含有咖啡因等的饮料，如茶水、咖啡等；

6. 晚餐后，孩子不宜进行运动量较大的活动，以免影响入睡，也不能听音乐睡觉；

7. 家长应该让孩子明白：睡床就是其睡觉的地方，不能在其上玩游戏等，以免养成习惯，影响其休息；

8. 假期时，孩子的作息时间应和上学时保持一致，不能有较大的差异。

# 细节92：让孩子喜欢上体育运动

宁宁是个小懒虫，在家里要爸爸妈妈抱，出门要爸爸妈妈背，别说帮爸爸妈妈做家务活了，他自己连一点运动都不爱做。

这可愁坏了宁宁的爸爸妈妈，孩子从小就不爱运动，身体肯定会出现这样或那样的问题，十分不利于孩子的健康发育，这可怎么办呢？"宁宁，只要你围着院子跑一圈，爸爸就给你买你最想要的小飞机，怎么样？"爸爸想用儿子最喜欢的东西来"引诱"他，让他多少活动一点。

宁宁想了想，小飞机的诱惑力还是很大的，使他好像有了运动的动力。可是他现在坐在房间里，没办法走到院子里去运动，这可怎么办呢？宁宁看看爸爸，乐了。

"爸爸，你背我到院子里吧，我肯定能跑一圈的。"宁宁乐呵呵地说道。

爸爸一听，也乐了，对儿子说："我让你到院子里跑步，是想让你活动活动手脚，当然也包括走到院子里这个过程，要是我把你背过去，还算是你自己在运动吗？"

"你把我背到院子里，我再跑步啊。"宁宁说得还挺有道理，可爸爸认为不是那么一回事，想解释，却又解释不清楚，只好强硬地回答道："不行，想要小飞机，就得自己走到院子里，然后再跑一圈。"

"那不是很累么？"宁宁不愿意了，想想为了一架小飞机模型竟然要花费这么大的力气，他觉得不值得，便摇头不干了。

爸爸怎么可能放过这个机会，连忙劝道："你刚才不是已经答应爸爸了。答应别人的事情一定要做到，你忘记了吗？"

"可我答应爸爸的是去院子里跑步，而不是从房间里走到院子里。"没想到，在这个时候，宁宁竟然聪明了起来，说得头头是道，爸爸都要折服了。

"可你不走到院子里，怎么跑步呢？"爸爸问。

"所以说，爸爸背我过去啊。"宁宁张开双臂，让爸爸抱他，可爸爸却摇摇头，对他说："爸爸觉得这样不好，让你运动的目的没达到，不行！"

宁宁见爸爸不干，便耸耸肩说道："那算了，我继续在房间里玩积木，一样好玩，也是运动啊，运动双手！"

爸爸真是哭笑不得，从没想过，想让孩子运动一下，竟然是这么困难的事情，别人家的孩子不都是想往家里拽都拽不回来吗？怎么到他们家，就变了样呢？

近日，教育部门发布了学生身体素质调查报告，向家长们揭示了一组惊人的数据：在近二十年来，中小学生的肺活量一直持下降状态，过半学生有不同程度的近视，近五分之一的初中生营养不良；近八成的家长在接受访问时，回答孩子放学回家的第一件事是学习，而活动锻炼则排在了学习、看电视、玩游戏后，位居第三，实际上每天活动的时间有半个小时，有不少孩子连这半个小时都没有。这说明不仅很多孩子对体育运动兴趣缺缺，他们的家长也对此不够重视。据研究发现，体育运动能够促进孩子的身体发育，对其智力提升、自我意识和心理健康等也有着很重要的作用。因此，家长应重视孩子的运动锻炼，让孩子从电视机前、电脑前走开，去运动场所进行各种活动。

### 1. 丰富孩子的运动项目

孩子对体育运动没有兴趣的一个原因，就是传统的运动方式已经很熟悉了，再进行就有些乏味和单调了，而孩子又是喜新厌旧的，很难对一样事物长期保持兴趣，因此，家长应多找些运动项目给孩子选择，这样不但能经常让孩子保持新鲜感，还能让他受到多方面的锻炼，可谓一举两得。

### 2. 合理安排运动时间和运动量

孩子的体育活动一般为一天一个小时即可，日常的运动量和强度不可过大，以免受伤，以及影响日常的学习生活。

### 3. 让孩子参加团队活动

如果孩子一个人去运动，既单调又缺少乐趣，很难坚持下去，家长因为工作和家庭等因素，不可能天天陪孩子去活动，只能在节假日陪一陪，因此，要想让孩子坚持活动，就要鼓励他和伙伴、同学一起进行运动，既能增进友谊，培养团队精神，还能相互鼓励，在游戏式的活动中锻炼身体，更能让孩子找到属于自己的活动天地。

# 细节93： 如何教孩子自己增减衣物

小由最喜欢春天了，因为冬天太冷，她又怕冷，所以整个冬天，她几乎都不出门，现在可好了，外面春光明媚，她终于可以疯狂的玩，而不用担心被冻着了。

"阿嚏……"一天晚上，小由在外面玩了一天回到家的时候突然打起喷嚏来，妈妈连忙来到她身边，摸了摸她的额头说道："天哪，怎么会发烧呢？白天让你多穿件衣服就不穿，现在好了，感冒了吧。"

训完后，赶紧让她躺到床上，拿来感冒药让她喝了下去。

原来，前两天天气暖和，小由就把厚棉衣脱掉了，可这两天正好倒春寒，妈妈让小由把棉衣穿上再出去玩，她却怎么也不穿，还让妈妈放心，肯定不会受凉的。结果现在却发烧，只能躺在床上。

"哎！看你以后听不听话！"妈妈轻轻在她脑门上点了一下，见她渐渐睡着了，便走了出去。

第二天，小由感觉浑身轻松多了，昨天出去玩的时候，她一直觉得全身无力，就像是灌了铅一样，都没怎么玩，现在可好了，她终于能出去玩个痛快了。

"妈妈，我出去玩了。"

"等一下。"妈妈叫住了她，手里拿着一件外套，对她说："多穿件衣服，虽然是春天，天气暖和了，但早晚的气温还是有些低的，多穿一件防止感冒加重。"

"不用吧……"小由嫌穿得太多活动不方便，怎么也不答应，她指着窗外明媚的阳光说道："妈妈，你看外面天气多好啊，就算是到了晚上也不会冷的，妈妈就放心吧，我出去玩了哦。"

说完，就一溜烟跑了出去，妈妈在她身后追了两步，见追不上，就叹着气回到了家，心里十分担心，害怕女儿晚上回来后感冒会重。

结果怕什么来什么，晚上小由回来的时候，小脸烧的红红的，感冒果然加重了。

妈妈气愤地说道："怎么就这么不听话呢，就算妈妈不说，你也应该能知道外面天气是冷是热，是该加衣服还是该减衣服啊！真是笨死了！"

对父母而言，孩子的学习固然重要，但更要的是孩子的健康。每当季节更替的时候，家长就会担心孩子生病，尤其是感冒发热。然而，父母再担心、再小心翼翼孩子还是会生病。就像故事中的小由，春天来了，脱掉笨重的厚棉衣，整天乐呵呵地在外面跑，妈妈让她加衣服，她却觉得阳光明媚不用加，冷热从而导致两次感冒发热，让妈妈既心疼又生气。

其实，造成这种情况的重要原因就是孩子不懂得照顾自己，他们往往图喜好或舒服不顾天气冷热随意穿衣服。孩子在家的时候还好，有父母殷切地叮嘱和照顾，但孩子在上学或外出活动时就不能周到地照顾自己了，从而感冒发热。可是，让父母时时陪在孩子身边是不现实的，那么，教孩子在相应场合穿适当的衣服，以及如何增减衣物就变得尤为必要了。

### 1. 在室内时

家长应该告诉孩子，在室内尽量多穿舒适保暖的休闲或运动衣物，这样活动时会比较方便；在温暖的教室时，如果感觉热就将外套脱掉。此外，家长应当尽量给孩子穿保暖性强的衣服，避免套好多层增加孩子的负担。

### 2. 在户外活动时

冬季比较寒冷，在室外活动时，家长应该告诉孩子选择易于穿脱的衣物。另外，还要让孩子知道，有风时活动如果感到出汗，不宜立即摘掉帽子、围巾、手套等，更不能脱掉外套，应该稍作休息。

春天或秋天时，家长要告诉孩子不应一下子过多减少或增加衣物，以免天气变化无常导致感冒发热，让孩子适当地春捂秋冻以增加抵抗力。

在炎热的夏季，家长要告诉孩子以纯棉衣物为主，这一类材料的衣物透气性好，而且舒适。还有，注意防晒和预防中暑也是不可忽略的。

# 第九章

## 让孩子快乐成长的7个健康行为

孩子近视怎么办？怎么教孩子保护牙齿？怎样让孩子不再口吃和恋物？……面对直接影响孩子身心健康的一系列难题，本章提出了科学而实用的家教方法，供家长们参考。

# 细节94：如何帮助孩子拥有良好的坐、立、行、睡姿

小良今年6岁了，是个很爱学习，很听话的乖孩子。平时只要有时间，他就会埋头坐在书桌前看书写字，爸爸妈妈都觉得十分欣慰。

但是渐渐的，爸爸妈妈发现，儿子小良因为总是弯腰写字，背有些驼了。

"儿子，写字的时候不要总是弯着腰，要把腰板挺直了！"妈妈每次发现儿子弯腰的时候，就会提醒他。

提醒的时候儿子会赶紧把腰挺直，可没一会儿，只要爸爸妈妈不注意，他就又渐渐弯起腰来，就像个小老头一样。

"儿子，走路要抬头挺胸。"妈妈经常这样大声地纠正小良的坏习惯，教育他要站有站相、坐有坐相。但儿子就是不听话，长期坐姿、站姿不良，有事没事就躺在床上，还不爱运动，结果导致弯腰驼背，看起来就像是个病孩子。

妈妈十分发愁，担心儿子从此就变成小驼背了，在和同事聊天的时候，同事笑着回答道："我儿子当初也驼背，后来啊，我慢慢把他给纠正过来了。"

"怎么纠正的？"妈妈赶紧问同事。

同事回答道："我不是当过兵嘛，当兵的时候第一件事就是练站姿。所以，我也教儿子练站姿，顺利的把儿子的毛病改掉了。"

"真的？能有效果吗？"妈妈问。

同事点点头，说道："当然有效果，不过也讲究方式方法，最好呢，你能和孩子一起练习，让孩子有个伴儿，这样孩子练习起来会更有劲头儿，你也就能早日达成自己的目的啦。"

"好！今天回去我就让他练站姿去！"妈妈双眼放光，就像是终于找到了一盏明灯。

回到家后，她就迫不及待的开始教儿子练站姿。让儿子双眼平视前方，背紧贴着墙壁乖乖的站好，几分钟之后，她才让儿子休息。还对他说："以后，为了不让你再弯腰驼背，站军姿将是你每天的必修课！"

处在小学和初中阶段的孩子，具有很强的模仿能力，他们的骨骼正在发育的关键阶段，骨的弹性大，硬度小，不容易骨折，但容易变形，如果不注意坐立行的姿势，会影响骨骼发育，脊柱等会变形，影响正常发育，对气质等也有很大影响。因此，家长让孩子从小养成正确的坐立行姿势是很重要的，具体来说，家长可从站立、坐姿、卧姿和行姿四个方面入手，培养孩子正确的姿态。

**1. 让孩子孩子拥有正确的站姿**

正确站姿是昂首挺胸，微收腹，两眼平视前方，不耸肩，两臂自然下垂，像松树一样端正稳健。家长可以让孩子靠墙站立，脚跟、小腿肚和臀部均触及墙面，而背部离墙约 5~8 厘米。每天坚持这样的练习 10 分钟即可。

**2. 让孩子有一个正确的坐姿**

正确站姿是要胸部和腹部挺直，臀部稳重地落于凳子的正中或稍后，大腿水平，两脚自然平放；头部正直，双肩放松并微微向后舒张。这样可以使血流通畅，呼吸自如，下肢神经不受压，从而保持一个均衡稳定不易疲劳的体位。

**3. 让孩子有良好的睡姿**

正确睡姿是要双腿自然屈曲侧卧，这时孩子的全身肌肉松弛，有利于消除疲劳。向右侧卧，还可以帮助胃中食物向十二指肠方向推进。

**4. 让孩子有良好的行姿**

正确的行姿是躯干正直，肩膀放松，两臂自然下垂、自然摆动，两臂前后摆动的幅度各为一尺左右，膝关节和脚尖应该始终正对前进方向，同时保持一定的行走速度。举止端庄、步履稳健，不但显得姿势优美，而且有利于身体各器官的正常发育。对于走路姿势不正确的孩子，家长可以教他"走军步"，像军人一样走路，多加训练，就能纠正不良姿态了。

# 细节95：教孩子学会预防近视

七七在看电视的时候总是要搬个小板凳坐在最前排，妈妈让他往后坐坐，他委屈的撅起嘴，回答道："那样会看不到的。"

听了他的回答，妈妈一愣，赶紧问："难道你眼睛不好了？快来，让妈妈看看。"

妈妈把七七叫到身边来，让他坐在沙发上看向电视，然后问他："电视上现在正在播什么？"

"新闻联播啊！"七七马上就回答了出来。

妈妈又继续问："那下面那排字写的是什么？"

"呃……妈妈，我不是瞎子。"七七幽怨地看向妈妈，颇无奈地叹了口气。

妈妈这才松了一口气，不过趁这个机会，她想教育一下儿子，让他学会保护眼睛，预防近视。

她说："你的眼睛虽然现在没瞎，可再这么继续下去，没准哪天就什么都看不清了，以后看电视不准那么靠前，要保持一定距离，听到没？"

"哦，知道了。"七七嘴上这么回答，但心里却没把妈妈的话当成一回事。

过了一段时间，七七的叔叔来看七七，还为他带来了一个礼物，一台电子游戏机。七七高兴的在屋子里跳来跳去，连连道谢。

从那以后，七七每天一有空就去玩电子游戏机，而且总是离得很近。妈妈每次看到他玩游戏机都会提醒他离屏幕远点。但他却仿若未闻，依旧趴在屏幕前面，卖力的玩着最新的游戏。

渐渐地，七七感觉他的眼睛越来越不舒服了，好像总有东西在眼睛里磨来磨去，看什么东西都觉得笼上了一层雾，模模糊糊的总看不清楚东西。

有一次，学校里组织长跑比赛，七七最喜欢跑步了，每次都能跑第一，所以这次他觉得第一肯定还是他的。可当比赛的枪声响过后，他的眼睛又不舒服了，连前面的路都看不清楚，还没跑两步，就被什么东西拌倒在地，就这样，他输掉了比赛，哭着跑回了家。

妈妈听说后，懊恼不已，怪自己没有管好儿子，让儿子患上了近视。

故事中的妈妈虽然经常提醒七七距离电视或游戏机屏幕远一些，但孩子年纪还小，不懂得保护视力的重要性，因此没有听从，而妈妈也没有真正采取有效的措施，最终导致了七七近视。相信大多孩子近视的原因都是如此。

通常来说，近视眼的发病期主要在幼儿园大班，小学一年级、三年级、五年级，以及 12 岁以上的青春期。最新调研数据显示，学生近视眼发病率已经越来越高，小学生接近四分之一，中学生超过一半，而高中生中有 7 成的孩子都已近视。另外，国内因为近视最终眼盲的人有 30 万之多。因此，儿童以及青少年防治近视眼的问题已经引起广泛关注，所以家长应该更加重视孩子的视力保护，大致来说需要注意以下几方面。

### 1. 让孩子保持正确的姿势

首先，不论孩子做作业、看书、还是画画，只要是坐着家长就要让孩子保持正确的坐姿，还有，不要让孩子走路、乘车或者躺着看书。其次，光源一定要充足，但切忌刺眼，比如，不宜让孩子在太阳光下看书。另外，孩子连续看书、写字的时间不宜过长，半小时左右要让孩子休息一下，最好让孩子远眺几分钟，缓解眼部肌肉的压力。

### 2. 禁止孩子长时间看电视

孩子在看电视时，室内的光线应当明亮一些、电视画面的亮度和对比度也要适中。除此以外，孩子与电视屏幕之间的距离应保持在 3 米以上。家长需要注意的是，即使孩子做的都满足要求，也要禁止孩子长时间看电视，避免眼睛疲劳而视力下降。

### 3. 常做眼保健操

家长应该让孩子经常做眼保健操，一般每天可做 2 次，调整眼和头部的血液循环、调节肌肉、改善眼疲劳。

第一节，揉天应穴。天应穴的位置在攒竹下三分。用左右大拇指罗纹面按在左右眉头下面的上眼角处。其他四指散开弯曲如弓状，支在前额上，注意按揉面积不要太大。

第二节，挤按睛明穴。用左手或右手大拇指按摩鼻根部，先向下按、然后向上挤。

第三节，按揉四白穴。先将左右食指与中指并拢，放在靠近鼻翼两侧的位置，大拇指支撑在下腭骨凹陷处，然后放下中指，在面颊中央按揉。注意不需移动至其他穴位，且按揉面积不要过大。

第四节，按太阳穴、轮刮眼眶。拳起四指，用左右大拇指罗纹面按住太阳穴，然后用左右食指第二节内侧面轮刮眼眶上下一圈，上侧从眉头开始，到眉梢终止，下面从内眼角开起至外眼角终止，先上后下，如此轮刮上下一圈。

# 细节96： 如何帮助孩子保护牙齿

思思是个好孩子，可就是有一样不好，爱吃甜食却特别不爱刷牙。爸爸妈妈总是不断的对她说："思思啊，我们要保护牙齿，要不然牙齿会被虫子吃掉的。"

但思思想象不出来牙齿被虫子吃掉是什么样子，所以她从来不在意爸爸妈妈的话，依旧我行我素，甜食该吃还是吃，牙不刷就是不刷！直到有一天，思思牙突然疼了起来，她吓得大哭起来，不停的问妈妈："妈妈，我的牙齿是不是被虫子吃掉了，我不要被虫子吃，好可怕。"

妈妈一看，只是思思开始换牙了，便偷偷笑了起来。

"妈妈，妈妈，看到虫子没？快帮我杀死它们，不要它们把我的牙齿吃掉！"思思惊慌失措，不停的摇着妈妈的胳膊。

妈妈忍住笑，发现这是个极好的教育机会，就对思思说："哎，原来有只小狗也和你一样，不爱刷牙，结果牙齿全被虫子吃掉了，我看啊，你这个样子，和那只小狗很像。"

"什么小狗？真的会被吃掉吗？我不要啊……"思思大声哭喊起来。

妈妈哄住她后，慢慢讲起了小狗蛀牙的故事。

故事中，小狗很贪吃，每天都吃很多东西，还不爱刷牙。有一天它的牙突然开始疼了，连东西也不能吃了。小狗的妈妈赶紧带着它去看牙医，医生检查来检查去，发现原来是牙被蛀了。

牙医说："你们先等等，我先帮小猫把牙齿治好。"

然后小狗一家就坐在一边，等着牙医先帮小猫治牙。

小狗看到，小猫躺在治疗椅上，嘴巴张大着在接受医生的治疗。它的嘴里有一个东西在"吱吱"的转动，隐约能看到一些血迹。

小狗吓坏了，马上捂着嘴跑了出来。

跑回家的小狗第一件事就是去刷牙，它一边刷牙一边默念："不要蛀牙，不要蛀牙……"

"刷牙就能不被蛀牙吗?"听完故事的思思马上问道。

妈妈点点头，对她说："当然，刷牙能保持牙齿的干净和整洁，这样细菌就不能侵入牙齿中，当然就不会蛀牙了啊。"

"那我以后也要天天刷牙，不要被虫子吃掉!"思思马上松开妈妈的胳膊，跑到洗手间找出自己专用的牙膏和牙刷，认真的刷起牙来了。

故事中思思这样喜欢吃甜食却特别不爱刷牙的孩子非常普遍，出现这种现象的原因，一方面是孩子尚未认识到保护牙齿的重要性;另一方面是家长对孩子的不良用牙不太管束，或者对孩子的刷牙要求不够严格。

所以，家长不仅要预防孩子出现蛀牙，还要教孩子正确用牙。对此，家长可以从以下四方面着手。

### 1. 让孩子意识到保护牙齿的重要性

很多孩子都如同故事中的思思一样，因为想象不出来牙齿被虫子吃掉的样子，所以将家长的叮嘱当作耳旁风、不予理睬，从而我行我素。所以，家长一定要让孩子真正意识到蛀牙等会带来的坏处，比如，像故事中的妈妈一样在适当的时机给孩子讲相关的故事。

### 2. 教孩子饮食保护牙齿

孩子的嘴巴都停不下来，因此家长可以选择一些对牙齿有保健作用的食物给孩子。比如，含钙丰富的食物:芹菜、卷心菜、菠菜、韭菜、海带等;能够消除口腔细菌的食物:橘子、猕猴桃、草莓、哈密瓜、木瓜等;能够清洁牙齿残留物的食物:胡萝卜、花椰菜、豌豆等;能够保护牙釉质的食物:芝麻、瓜子、坚果等;能够降低蛀牙概率的食物:牛奶、酸奶、奶酪等。这些食物既可以满足孩子吃的欲望，又可以保护牙齿。

### 3. 教孩子正确的刷牙方法

儿童应采用竖刷法:将牙刷与牙面呈45°，以适中力度移动刷牙，上牙向下刷，下牙向上刷，然后上下牙分别横向刷，最好横竖结合旋转着刷牙，即上牙走"M"路线，下牙走"W"路线，然后刷牙齿的咬合面，最后刷牙齿内侧。要注意的是，每个部位都要重复8~10次，全口刷完至少用3分钟。

### 4. 改掉孩子的不良习惯

孩子一些细小的行为也会影响孩子的牙齿，比如，超过3岁的孩子若还含手指会造成上牙床骨骼反合及上颌前突；孩子常咬上唇会导致下颌前突、前牙反合、上前牙向内侧拥挤，常咬下唇会导致下颌后缩、下牙拥挤、上牙前突；孩子常咬铅笔、被角等会使上下前牙部分形成局部间隙。所以，当家长发现孩子有这些习惯时，一定要教育孩子及时加以改正。

## ▲ 细节97：怎样应对孩子爱咬人的坏习惯

沙沙的爷爷奶奶从乡下来到城里看望沙沙一家，奶奶带来了沙沙最爱吃的大红枣，沙沙吃了一个又一个，眼见着她已经吃掉了一大把，奶奶收起红枣，不敢再让她继续吃了。

"大枣呢？我还没吃够呢。"沙沙吃完手里最后一个红枣，发现本来应该放在桌子上的装红枣的布袋不见了。

"奶奶，大枣呢？"她连忙跑过去找奶奶，吵着要红枣吃。

奶奶摸摸她的头，说道："大枣虽然好吃，但是吃多了会肚子疼的，沙沙今天吃了不少呢，奶奶明天再给你吃，好不好？"

"不好，我现在就要吃！"沙沙缠着奶奶，嚷着要她拿红枣给自己吃。

可奶奶担心孙女的健康，怎么也不同意给她拿。

"啊……疼，疼……"在客厅说话的一家人突然听到奶奶的呼痛声，大家赶紧冲进房间一看，竟是沙沙正狠狠咬着奶奶的手指。

"沙沙！"爸爸冲过去，一巴掌打在她的屁股上，奶奶的手指这才被"救"了出来。

"哎哟……哎哟……"奶奶的手指已经被咬破了。都说十指连心，奶奶现在真的是体会到了，别看伤口不大，却钻心的疼。

"你为什么咬奶奶？奶奶专门来看你的，这么疼你，你怎么能咬奶奶呢？"妈妈生气地把沙沙拎到奶奶面前，让她向奶奶认错。

可屁股上挨了一巴掌的沙沙一点也没意识到自己的错误，反而撅着嘴说道："谁叫奶奶不给我枣吃。"

"那么一大包，全吃完要生病的，奶奶还不是为了你好？"妈妈解释道。

沙沙却不听这些，头倔强的扭到一边，说："我不管，我就是要吃枣。"

"沙沙，奶奶明天再给你拿枣吃，好不好？"爸爸此时已经帮奶奶做了简单的消毒处理，并把伤口包扎了起来，见孙女这个样子，她想哄哄，可没想到沙沙竟撇过头不理自己。

"还不快向奶奶道歉。"爸爸寒着脸对她说。

她扭着头，就是不说话。

"你这孩子……越来越……啊……"爸爸想教训教训她，却反被女儿抱住胳膊给咬了一口。

"天哪，半年多没见，这孩子怎么变成这样了？"爷爷奶奶惊讶的嘴都快合不上了。

妈妈苦笑着撸起自己的衣袖，只见胳膊上斑斑点点，有好几处新旧伤痕，都是被咬的。

爸爸揉揉自己被咬的胳膊，叹口气说道："哎，也不知道是从哪天开始的，等我们意识到的时候，沙沙已经变得爱咬人了。简直就和疯狗一样，只要不顺心，见人就咬。哎……"

沙沙的情况并不是特例，现在很多家庭的孩子多少都有些咬人的倾向，这其中有一两岁的幼儿，也有三四岁的孩子，还有五六岁的大孩子。面对孩子咬人的"爱好"，家长往往很迷惑：自己的孩子这是怎么了？如果说孩子说脏话、不讲卫生等能从自己身上模仿来的话，那咬人是从哪儿学的，自己可没有咬过人啊？儿童教育专家认为，孩子咬人一般有这么几种情况：用行动代表语言，模仿别的孩子或者小动物，情绪发泄。

在孩子成长的过程中，其语言能力要比动作行为能力发育的较慢，就会出现词不达意，自己的意思不能完全表达出来的情况，于是，咬人就成为孩子的一个选择了，而咬人既可以是孩子喜欢一个人的亲昵表现，又可以是孩子讨厌一个人的结果，但不论是哪种原因，家长都会很烦恼，发现后往往会呵斥甚至出手制止孩子。孩子的模仿能力很强，当他被别的小朋友咬过，或者是和宠物玩耍时，都会从中学会咬人，而且看到别人被他吓得一惊一乍，往往还会感到快乐。当孩子的心情不好，或者压力大时，除了用扔东西、说脏话来释放不良情绪外，还会咬人来表达自己的坏心情，而孩子心情好后，就不再咬人了。

对于孩子的这些情况，家长应该如何解决呢？

### 1. 扩大孩子的词汇量，提高其表达能力

当孩子有自己的想法和情绪想要表达出来而没有合适的词汇时，只会让他更加的烦躁，因此，家长在日常中要经常和孩子对话，教给孩子新词，让孩子尽可能多地掌握日常语言。

### 2. 了解孩子的心理

当孩子咬人是为了释放压力时，家长应对孩子表示出宽容，并让他知道父母是爱他的，但是他的行为不对，以后应该改正。同时，家长应了解孩子是因为什么出现了这种不良心理，并积极寻找方法解决，这样才能从根本上改变孩子爱咬人的不良习惯。

### 3. 批评和表扬兼用，减少其咬人行为

对于孩子咬人的行为，家长既不能一味地批评甚至责骂，也不能只是温言相劝。前者会伤害孩子的自尊心，甚至导致其产生逆反心理，后者会让孩子不以为然，继续我行我素。最好的方式是，家长在家里对孩子咬人的行为进行严肃地制止，并告诉他这是不对的，应该改正，而在外面时，家长在时时关注孩子的同时，对其咬人的行为和倾向要及时制止，并适当批评，但不宜当众动手打她。家长在生活中，看到孩子减少了咬人的次数，或用其他方式代替咬人表达自己的心理和想法时，可以进行适当的表扬，以对其产生正激励。

# 细节98： 怎样解决孩子好动的毛病

淘淘真的是名如其人，整天淘气的不得了，简直就是"上房揭瓦"的典范。妈妈想给他讲故事听，刚让他坐下来，故事还没开讲，他就受不了了，腿抖来抖去，手也停不下来，不是拿橡皮玩，就是抠桌角。

"淘淘，认真听妈妈给你讲故事，不要调皮。"妈妈扶正他让他坐好，可没一会儿，他又歪着身子淘气起来。

"淘淘!"妈妈见他这么坐立不安的样子，担心地问："你哪里不舒服吗？还是天气太冷？怎么一直抖个不停？"

"没有啊，我很好。"淘淘听了妈妈的话后，赶紧坐好，可坚持了还没一分钟，就又在座位上扭动起来。

"淘淘，你是不喜欢听妈妈讲故事吗？"妈妈皱起眉头问道。

淘淘赶紧摇头，对妈妈说："我总是忍不住，身体不由自主的就动起来了。"

"怎么可能，你肯定是故意的，以后再这样，妈妈就真生气了。"妈妈气冲冲地站起来走开了，留下淘淘一个人，委屈地站在那里。

周末的时候，淘淘一家决定去公园玩，刚走进公园，就发现里面正在进行划船比赛，爸爸去了解了一下情况，回来对妈妈和儿子说："刚才我去问了下，比赛是以家庭为一组进行的，咱们也可以去玩，怎么样？要不要娱乐一下？"

"我去我去，我要去。"淘淘兴奋地跳了起来，不等爸爸妈妈下决定，就冲进人群里，率先跳到了一艘小木船上，小木船失去平衡，马上摇晃起来，吓坏了爸爸妈妈。

妈妈一把把淘淘从船上拽上来，有些生气地说道："咱们还没报名呢，怎么能随便上船呢，再胡闹爸爸妈妈以后不带你出来玩了，多危险啊。"

淘淘像是没听到妈妈的训斥，拽着她嚷道："那我们快去报名吧，快点快点，划船很好玩的。"

爸爸没办法，只好带着他去排队报名。

"怎么还没到啊。"前面有几个家庭正在报名，儿子不停地踏着脚来回张罗，就像是恨不得马上窜到报名处一样，爸爸无奈地摇了摇头，怎么儿子就这么难安静下来呢。

玩了一整天，晚上回到家后，淘淘突然想起来，自己还有作业没有写完，他赶紧跑回房间去写作业，妈妈怕他口渴，就端了水进来，可她却发现，儿子根本没有安静地写作业，而是写一会儿，玩一会儿，精神完全不集中。

"儿子是不是得了多动症啊？"妈妈回想着儿子最近的种种表现，小声说道。

淘淘妈的想法有一定的代表性，不少男孩的家长都会有这样的疑问：自己的孩子太好动了，有时候疯起来拉都拉不走，是不是得了多动症？其实，孩子真正得多动症这种疾病的几率并不高，更多的是孩子由于神经中枢系统发育不完善，对自己的控制力较弱，而孩子又天性活泼些导致的。因此，准确地说，孩子多动应该成为好动，孩子有好动的"毛病"但不一定是多动的病症。

孩子好动，家长应该怎样应对呢？可以采取增加其运动量，训练注意力两个方面入手。

孩子处于发育的初期，本身的精力就比较旺盛，又有着强烈的好奇心，好动好问是很正常的。如果家长对其进行强制性的压制或控制，反倒不利于其成长，因此，家长可以将孩子的精力疏导发泄出来。比如周末带着孩子一起去运动场馆，和孩子一起打球，或者日常和孩子一起跑步等，让孩子在室外活动中消耗自身的能量，达到身体内在的平衡。

家长还要教孩子学会集中注意力，而这是很多好动的孩子的一个共同弱点。他们会对身边的很多事物都产生兴趣，并愿意为此钻研一番，但是要是让孩子长时间地去钻研、去学习、去练习，就会让他感到很为难。在家长眼里这种情况就是坐不住，无法集中精力做好一件事。但是孩子的这种弱点还必须解决，具体的方法是，循序渐进，引导孩子从容易接受的程度开始，训练其对某件事的专注时间，一段时间后，孩子的专注力就会提高，能较长时间集中精力做好一件事。当然，在孩子取得一些进步时，家长要及时表扬，以鼓励他继续努力。

## 细节99：如何避免孩子成为"小结巴"

洋洋今年5岁，正在读幼儿园，他很喜欢幼儿园的生活，经常在家里和爸爸妈妈谈论发生在幼儿园里的趣事。

"妈，妈妈，今，今天我，们，堆雪，雪人了。"今天天气格外的冷，外面扬扬洒洒还在飘着小雪花，洋洋最喜欢下雪天了，今天在幼儿园终于玩了个够，不过也冻坏他了，手和脸都冻得通红，不停的打着哆嗦，连说话都磕嗑巴巴的。

妈妈觉得儿子现在说话真好玩，便取笑道："哎哟，我们家洋洋什么时候变成小结巴儿了，以后要被小朋友们笑话啦。"

"我，我不是，小，小结，结……"洋洋虽然回到了家，但身体还没缓过来，还有些发抖，此时听到妈妈笑话他，更是又急又急，本来能说清的话，听起来也像是结巴了。

"这不是吗？还说不结巴。"妈妈又笑。

洋洋急的脸都红透了，越想解释清楚，越说不出话来，反而惹得妈妈又笑了起来。

洋洋气得撅起了小嘴，之后不管妈妈再怎么哄，也不再开口说话了，因为只要他一开口，妈妈一准会笑个不停，太让人生气了。

而妈妈却没想到儿子会这么在意这件事情，转眼就把这件事情忘记了。

过了几天，家里来了几位客人，其中有位客人看到洋洋后十分高兴，问他这样那样的问题，洋洋从来没遇到过这么热情的客人，生怕自己说错话后闯祸，显得十分紧张，只得左一句，右一句的回答客人的问题。

可能是因为太紧张，有好几句话，他说得不清楚，就像小结巴一样，客人听了没什么，洋洋妈却紧张了起来。

"儿子，你不会真的口吃了吧？"妈妈拉过洋洋问。

洋洋瞬间又想起了前几天妈妈嘲笑他的事情，心怦怦跳得更厉害了，不知道该怎么回答妈妈的问题，万一又像结巴一样说话该怎么办？大家都会笑话他吗？"洋洋？乖儿子，快告诉妈妈，你怎么现在说话总是结巴呢？"妈妈现在是真的有些担心洋洋变成结巴了，可是越问他，他越闭嘴不谈，真是让人急死了。

"洋洋……"

"我，我不是结巴！"被妈妈逼的急了，洋洋干脆大吼一声跑开了。

从那以后，妈妈就认定洋洋有了口吃的毛病，天天在他面前讲口吃的害处，让他赶紧改过来，但洋洋觉得自己只是一时没把话说清楚，怎么就变成口吃了呢，深感委屈的他变得渐渐不愿意开口说话了。

口吃在儿童中比较常见，尤其是8岁以下的儿童，他们常常喜欢表达自己的想法，但思维和语言表达能力还都比较低，往往说一些相对复杂的事情时会感觉比较困难，出现言语中断、重复、不流畅等症状。调查也显示，儿童中有5%的孩子会出现这种语言障碍。如此可见，洋洋的口吃并不稀奇，这只是由身心发展不平衡和心理因素造成的。另外，孩子进行口吃模仿也是重要因素之一。

假如家长不及时予以纠正，孩子就会真的变成口吃，然后会因为害怕被嘲笑而不敢说话、不和同学接触，时间久了，孩子的性格也会逐渐变得内向、孤僻、沉默寡言、郁郁寡欢。因此，家长必须采取一些实际行动帮助孩子纠正口吃。

### 1. 排除孩子的心理障碍

在有些家庭中，当孩子做错事时，家长就会对孩子进行过度严厉地批评和指责，这就让孩子因心里害怕、情绪紧张而口吃。长此以往，孩子就会养成口吃的习惯，进而变成真正的口吃。另外，当孩子因年龄小而出现口吃现象时，家长不应该进行嘲笑，只是单纯觉得好玩的笑也不可以，并且当别人笑话孩子时家长应及时劝解，以免出现类似洋洋的状况。

### 2. 告诉孩子不要模仿口吃

孩子常常喜欢模仿自己认为有趣的事情，当孩子的同学或者身边有人是口吃时，若孩子经常模仿，自己就会患上口吃的毛病。所以，家长一定要将这点告诫孩子，还要让孩子知道，模仿别人口吃是不尊重别人的行为。

### 3. 帮助孩子顺利度过身心发展不平衡的时期

首先，家长应该教孩子想好再说、说话速度慢一些，并且给孩子"我可以"的自信。

生活中这样训练的多了，孩子出现口吃的次数自然能够减少。此外，教孩子低声说话、不要大嗓门，只要孩子心绪平和，说话也就随之顺畅。还有，可以让孩子多听一些诗文朗诵，并且让孩子多进行朗诵，这些都有助于改善孩子的口吃。

## ▲ 细节 100：如何消除孩子的"恋物情结"

小彩在超市看到一个洋娃娃十分喜欢，便央求着妈妈帮自己买了下来，结果一拿到洋娃娃，小彩就不愿意和洋娃娃分开了，上哪都带着它，吃饭抱在怀里，睡觉也要放在枕边让它陪着一起睡。

"小彩，先把洋娃娃放在一边，妈妈帮你洗完澡再抱着，好不好？"晚上洗澡的时候，妈妈想要帮小彩脱衣服，可她死死抱着洋娃娃不放，衣服都脱不下来。

可小彩却坚决不同意，妈妈伸手想要去夺，小彩连忙把洋娃娃护到身后，哇哇哭了起来。

"妈妈只是暂时把它拿到一边，不会抢你的东西的。"妈妈好说好量，但小彩却始终不听，就是不松开手。

最后没办法，妈妈只好先帮小彩脱掉一边的上衣，然后等她用另一只手抱住洋娃娃后，再脱另一边的衣服。

"这可不行，我得想想办法让女儿改改这个毛病。"看着洗好澡的女儿欢快的抱着洋娃娃上床睡觉，妈妈下定了主意。

第二天，小彩睁开眼睛第一件事就是去抱自己的洋娃娃，可她突然发现，自己床边竟然多了两个洋娃娃，这是怎么回事呢？"妈妈，为什么床上还有两个娃娃？"小彩抱起自己原来的那个娃娃跑了出去。

妈妈见她抱着的还是原来那个，连忙对她说："妈妈见你那么喜欢娃娃，就又帮你买了两个，带着它们一起玩吧，不要总是抱着这一个，其他娃娃会寂寞的。"

"那妈妈去陪它们玩吧，我只要这个。"小彩笑呵呵地回答道。

"可是妈妈要上班啊，小彩不能偏心嘛。"妈妈继续哄劝道。

小彩却坚决的摇了摇头，对妈妈说："不要。"

妈妈见这个方法行不通，只好作罢，叹口气自言自语道："难道要把她的娃娃藏起来才行吗?"

几天之后，小彩眷恋洋娃娃的程度更加加深了，连出门逛超市都要带着它一起去，妈妈让她把洋娃娃存放在寄放区她都不干，非得要抱进超市才行。

"这样下去可不行!"最后，妈妈忍无可忍，只好趁着小彩睡觉的时候，把洋娃娃藏了起来。小彩醒的时候，找不到洋娃娃，又哭又闹，折腾了好几天，还在雨天跑出家门要去找洋娃娃，大病了一场后，妈妈实在是没办法，只好把洋娃娃还给了她。

小彩的情况就是有了"恋物癖"，当她离开了自己喜欢的洋娃娃后就忐忑不安，甚至大哭大闹，直到重新拥有它后才罢休。而她之所以出现这种情况，是和其生活中缺少安全感和情感交流引起的。这样的孩子大都有些怕生，有些内向，他们在外人面前不善于表达自己的想法，甚至倾向于将自己的真实情感隐藏起来，而只在自己依恋的物品面前表现出来。也就是说，在生活中，小彩和父母的交流还没有她对洋娃娃说的话多，这也孤独症的一种表现。如果家长不及时改变孩子的这种状态，当孩子逐渐成长中，其恋物癖会逐渐加深，孩子对特定物品的依赖也会更重，但与父母和同学的交流会越来越少，直到最后形成严重的孤独症，那时就更难扭转了。

因此，如果家长看到有恋物癖的征兆时，就要注意了，首先是要关注孩子的心理，然后是加强和孩子的亲子沟通，逐渐改变孩子的这种状态。

**1. 关注孩子的心理。**

主要是看孩子是否有安全感、是否有孤独感，并在生活中多抱抱孩子，和抚摸孩子，如果时间允许的话，家长可以给孩子做个简单的头部按摩，或者背部按摩，既能消除孩子日常学习、玩耍后的疲劳，还能缓解其不安的情绪，更让其体会到父母对他的关爱。

**2. 加强亲子沟通。**

主要是家长在日常中要经常和孩子做多种方式的交流，比如和孩子多聊天，既能随时了解孩子的心理变化，还能让其多表达自己的想法;家长也可以和孩子一起做游戏，在快乐的游戏中增进亲子关系；家长还可以让孩子帮自己做些家务，以让其体会家庭的温馨等等。除了快乐的亲子沟通外，家长还可以鼓励孩子多走出家门，和小朋友一起玩，到大自然中体会美好的世界等等，都是让孩子从孤独中走出，不再把情感寄托在特定物品上的好方法。